板書&展開例で
よくわかる

社会科

授業づくりの教科書

3・4年

社会科3・4年の
1年間365日の
**授業づくりを
完全サポート！**

主体的・対話的で
**深い学びを
実現する！**

朝倉 一民 著

明治図書

はじめに

　この春，刊行した『〈主体的・対話的で深い学びを実現する！〉板書＆展開例でよくわかる社会科授業づくりの教科書』〔シリーズ6年〕と〔シリーズ5年〕に続き，〔シリーズ3・4年〕を刊行することができたことを嬉しく思う。

　2017年3月に「新学習指導要領」が公示された。社会科は5・6年生の学習内容に関しては，それほど大きく変わってはいない。変わったことといえば，第5学年では地理的環境にかかわる内容が，地理的環境の概要を理解する内容と，それに働きかける人々の活動を理解する内容に分かれたことと，第6学年では政治に関する内容が歴史単元の前にきたことである。それほど大きな変化ではない。したがって，シリーズ6年も5年も扱う学習内容に関しては，現行の教科書を生かしながら授業づくりの手引きを作成した。しかしながら，3・4年生は今回の改訂では大きな変化があった。まずは以下に示す。

新	旧
〈3年〉 1　身近な地域や市区町村の様子 2　地域に見られる生産や販売の仕事 3　地域の安全を守る働き 　・火災や事故などの防止 4　市の様子の移り変わり 　●交通，公共施設，土地利用，人口，生活の道具の移り変わり 〈4年〉 1　都道府県の様子 2　人々の健康や生活環境を支える事業 3　●自然災害から人々を守る活動 4　県内の伝統や文化，先人の働き 5　県内の特色ある地域の様子	〈3年・4年〉…番号は指導要領に準じる （主に3年で取り扱う事例） 1　自分たちの住んでいる身近な地域や市 2　地域の人々の生産や販売 5　地域の人々の生活の変化や人々の願い，生活の向上に尽くした先人の働きや苦心 （主に4年で取り扱う事例） 3　地域の人々の生活にとって必要な飲料水，電気，ガスの確保や廃棄物の処理 4　地域社会における災害及び事故の防止 5　地域の人々の生活の変化や人々の願い，生活の向上に尽くした先人の働きや苦心 6　県の様子について

　中々複雑ではあるのだが，簡単に言うとまずこれまで3・4年となっていた学習内容の枠組みが3年と4年に明確に分けられた。また，これまで主に4年生で扱うことが多かった消防や警察署の学習は3年生に位置付いている。そして4年生の災害は「自然災害」として独立して新しい内容で残ることになった。さらに，地域の歴史的な内容は3年生では主として「市区町

村」の様子や移り変わりを，4年生では主として「都道府県」についての様子や移り変わり，伝統文化，自然災害を学ぶこととなっている。

　2018年度，2019年度の2年間は移行措置となる。この間は，社会科の場合は「新学習指導要領」の内容で指導に当たってもよいし，現行学習指導要領によってもよいことになっている。しかし，まだ教科書も採択されておらず，地域単元に関してはおそらくは各市区町村で副読本を作成していると思われるが，こちらも現行のままであることから，全国の多くの学校が現行学習指導要領のままで指導に当たることになるであろう。しかし，現行学習指導要領による場合はいくつか注意が必要である。

　2019年度の3年生においては4年生の段階で新学習指導要領完全実施となり，教科書も新しい4年生の教科書が採択される。そうすると左の表にあるように，4年時の教科書には火災や事故の単元がないことから，この部分を3年生で学ばなければならない。すると，「現行の教科書の配当時数＋火災や事故」となり，3年生の70時間の配当時数ではまかない切れない内容となるわけである。

　移行期に新指の内容で行う場合も，現行で行う2019年度の3年生は授業時数のマネジメントを行う必要がある。新指の「内容の取扱い」において，3年生の「身近な地域」での調査では<u>市全体の地理的環境を理解</u>できるような効果的な調査を行うようにしたり，「地域の安全」では緊急に対処する体制の部分は「火災」に<u>重点</u>を置き，防止に努めていることについては「事故」に<u>重点</u>を置くなどして，定められた時数の中で内容を指導することが求められている。

　本書では，まだ教科書も採択されていないこともあり現行の学習指導要領の内容での授業実践を取り上げているが，その展開はシリーズ5年，シリーズ6年と同様に「主体的・対話的で深い学び」を意識した授業展開としている。本書を手に取ってくれた先生たちがわかりやすく理解できるように1時間の授業，1時間の問題解決を重視している。

　3・4年生社会科では，市区町村や都道府県の様子や安全を守る諸活動，産業や消費生活，人々の健康と生活環境を支える働きを学ぶことになるが，地域の移り変わりや伝統や文化，先人の働きなどについては，各地域によるところが大きいために1時間の授業構成を掲載することは割愛させていただく。ただ，地域単元の教材化のポイントなどについては巻末に記したい。本書をもとに実践し，加除修正しながら，自身の「見方・考え方」を広げていただければ，それは願ってもないことである。

朝倉　一民

ONTENTS

はじめに……3

1章 主体的・対話的で深い学びを実現する！社会科授業デザイン

1 社会科での主体的・対話的で深い学びの実現……8
2 本書の読み方……14

2章 主体的・対話的で深い学びを実現する！社会科授業づくりの教科書　板書＆展開プラン

「社会科授業づくりの教科書　板書＆展開プラン」の使い方

☆2章以降の実践編は，下記のような項目で，授業の全体像をまとめました。読者の皆様の用途に合わせてご活用いただければ幸いです。

○授業での板書例
○本時のねらい（観点別）と評価
○アクティブ・ラーニング的学習展開
　① 深い学びを生む学習問題（かかわる）
　② 対話的な学びを生む協働（つながる）
　③ 次時へ見通しをもつ主体的な学び（創り出す）
○ＩＣＴ活用のポイント

1 [身近な地域]

1　社会科ってどんなことを学ぶの？（学習課題№01・1時間構成）……16
2　わたしたちの学校の周りはどのような様子なのか？
　　（学習課題№02〜05・4時間構成）……18
3　調べた絵地図をつなげてみよう（学習課題№06〜07・2時間構成）……20
4　地図記号をつかって表そう（学習課題№08・1時間構成）……22

5　市の地図を俯瞰してみよう（学習課題No.09・1時間構成） ……24
　　6　駅の周りを俯瞰してみよう（学習課題No.10・1時間構成） ……26
　　7　市の地域の特色をまとめよう（学習課題No.11・調べる地域例） ……28
　　8　自分たちの市の紹介ポスターを作ろう（学習課題No.12・調べる地域例） ……30

2　[工場の仕事]

　　1　工場ってどんなところ？（学習課題No.13・1時間構成） ……32
　　2　工場ではどんなことをしているのかな？（学習課題No.14・1時間構成） ……34
　　3　工場を見学しよう（学習課題No.15〜17・3時間構成） ……36
　　4　製品がつくられる工程をまとめよう（学習課題No.18・1時間構成） ……38
　　5　工場で開業支援をするのはどうして？（学習課題No.19・1時間構成） ……40
　　6　製品はどこに送られるのか？（学習課題No.20・1時間構成） ……42
　　7　工場の学習をまとめよう（学習課題No.21・1時間構成） ……44

3　[お店の仕事]

　　1　よく行くお店はどんな店？（学習課題No.22〜23・2時間構成） ……46
　　2　どのようにお店を利用しているか？（学習課題No.24・1時間構成） ……48
　　3　スーパーマーケットを見学しよう（学習課題No.25〜26・2時間構成） ……50
　　4　見学したことをまとめよう（学習課題No.27〜28・2時間構成） ……52
　　5　お店の奥ではどんな仕事があるのかな？（学習課題No.29・1時間構成） ……54
　　6　品物はどこから来るのか？①（学習課題No.30・1時間構成） ……56
　　7　多くのお客さんが来る理由は？（学習課題No.31・1時間構成） ……58
　　8　お店の仕事をまとめよう（学習課題No.32・1時間構成） ……60

4　[消防の仕事]

　　1　火事が起きたらどうする？（学習課題No.33・1時間構成） ……62
　　2　119番に電話をかけるとどうなるの？（学習課題No.34・1時間構成） ……64
　　3　消防署を見学しよう（学習課題No.35〜36・2時間構成） ……66
　　4　消防署にはどんな秘密があった？（学習課題No.37・1時間構成） ……68
　　5　消防団って消防士？（学習課題No.38・1時間構成） ……70
　　6　消防の仕事をまとめよう（学習課題No.39・1時間構成） ……72

5 ［警察の仕事］

1. 事故や事件が起きたらどうする？（学習課題No.40・1時間構成) ……74
2. なぜ，事故や事件が減っているの？（学習課題No.41〜42・2時間構成) ……76
3. 警察以外の人たちも町の安全を守っている？（学習課題No.43〜44・2時間構成) ……78
4. 町の安全マップを作ろう（学習課題No.45〜46・2時間構成) ……80

6 ［水のゆくえ］

1. 水は足りなくならないの？（学習課題No.47・1時間構成) ……82
2. 水はどこからやってくる？（学習課題No.48・1時間構成) ……84
3. 水が家庭に届くまでを調べよう（学習課題No.49・1時間構成) ……86
4. 安全な水はどのようにつくられているのか？（学習課題No.50・1時間構成) ……88
5. 使った水はどうなるのか？（学習課題No.51・1時間構成) ……90
6. 流れる水のゆくえをまとめよう（学習課題No.52・1時間構成) ……92

7 ［ごみのゆくえ］

1. 家庭ではごみをどうしているのか？（学習課題No.53・1時間構成) ……94
2. 清掃工場を見学しよう（学習課題No.54〜55・2時間構成) ……96
3. 燃やせるごみはどこへ？（学習課題No.56・1時間構成) ……98
4. 資源ごみはどこへ？（学習課題No.57・1時間構成) ……100
5. 燃やせないごみのゆくえ（学習課題No.58・1時間構成) ……102
6. ごみ減量宣言をしよう！（学習課題No.59・1時間構成) ……104

8 ［昔の道具・地域単元］

1. 昔の暮らしを見つけよう（学習課題No.60・1時間構成) ……106
2. 昔の道具を調べて，体験してみよう（学習課題No.61〜63・3時間構成) ……108
3. 昔の道具から当時の暮らしを想像しよう（学習課題No.64・1時間構成) ……110
4. 昔の道具年表を作ろう！（学習課題No.65・1時間構成) ……112
5. 地域の教材化は銅像から（資料) ……114

付録（学習のまとめワークシート）……116

おわりに……128

1章
主体的・対話的で深い学びを実現する！社会科授業デザイン

1 社会科での主体的・対話的で深い学びの実現

　本書は小学校3・4年生の社会科の学習内容の1時間ずつ（内容によっては2～3時間の場合も）の展開を，「アクティブ・ラーニング」の視点でまとめたものである。2017年3月に公示された新学習指導要領では「主体的・対話的で深い学びの実現に向けた授業改善」として明示されている。それに向けた中教審「審議のまとめ」では「アクティブ・ラーニング」の視点が以下のように整理されている。

【主体的な学び】
　学ぶことに興味や関心を持ち，自己のキャリア形成の方向性と関連付けながら，見通しを持って粘り強く取り組み，自己の学習活動を振り返って次につなげる「主体的な学び」が実現できているか。

【対話的な学び】
　子供同士の協働，教職員や地域の人との対話，先哲の考え方を手掛かりに考えること等を通じ，自己の考えを広げ深める「対話的な学び」が実現できているか。

【深い学び】
　各教科等で習得した概念や考え方を活用した「見方・考え方」を働かせ，問いを見いだして解決したり，自己の考えを形成し表したり，思いを基に構想，創造したりすることに向かう「深い学び」が実現できているか。

　これら三つの視点の実現を目指し，1時間の中に「場」として盛り込んでいる。アクティブ・ラーニングは「～法」「～型」といった特定の学習活動や学習スタイルの固定化を目指したものではないし，また視点のそれぞれがきれいに独立するものでもない。ただ本書は，社会科が苦手な先生にも，社会科を得意とする先生にもアクティブ・ラーニングを生み出す授業がどのように展開されるかをわかりやすく説明するために，一つの視点に重きを置く場として表現している。
　また，1時間ずつの構成となっているが，もちろん「単元全体での問題解決」を意識した構

成になっている。各単元の1時間目は，単元を通した「問題」を醸成する時間であり，2時間目は各自が調べる時間を想定している。前述した「審議のまとめ」では，社会科における学習過程のイメージもまた公開され，単元を通しての「課題把握」「課題追究」「課題解決」「新たな課題」といった学習過程が明示されている。したがって，本書でもそういった学習過程を踏まえた上で1時間の授業構成を記した。本書での単元における学習過程はおおよそ以下の形で考えている。

課題把握	●単元を通した課題の設定	・社会的事象，歴史的事象を提示し，「事実認識の比較」や「既習事項とのずれ」から問いを生む。 ・学習問題をどう解決するかの計画を立てる。
課題追究	●各自の調べ学習 ●事実や概念にかかわる知識の習得	・関係施設の訪問，インターネットをつかった調査活動。 ・仲間との協働的な活動・話し合い。 ・事実認識を多面的・多角的に考察し問題解決。
課題解決	●考察・構想したことをまとめる ●新たな課題を見いだす	・社会科新聞作成を通して習得した知識や社会認識を，自分なりの意見をまとめる。表現する。 ・社会的事象について，構想したことを妥当性や効果，実現可能性などを指標に議論し，主張する。

なお，今回本書で取り扱う単元は，「東京書籍」「教育出版」「日本文教出版」「光村図書」の教科書における単元を整理しまとめたものである。

次に，本書における1時間の授業づくりの構成である。

先に述べたように，1時間の中にアクティブ・ラーニングにおける三つの視点を「三つの場」としてまとめた。以下，それぞれの場を説明する。

① 深い学びを生む学習問題（かかわりの場）

社会科の学習にとって，最も大切なものが「問いを生む場」である。深い学びを実現するためには，子供たちが「あれ？ どうしてだろう？」「これは，たぶんこうだからじゃないかな？」といった社会的事象に自らかかわっていく姿をつくり出さねばならない。そのために，「複数の事実の比較」をしたり，「既習事項とのずれ」に気付かせる資料提示と発問が重要になってくる。また，その課題に対して子供たちが自分事の問題として捉えていくために，社会科における「見方・考え方」を働かせるものでなければいけない。この「見方・考え方」も「審議のまとめ」でわかりやすく整理された。

以下，社会科における思考力・判断力を育てる「社会的事象の見方・考え方」である。

・社会的事象を位置や空間的な広がりに着目して捉える。
　例）市の東西南北ではどのような違いや特色があるのだろう。

- 社会的事象を時期や時間の経過に着目して捉える。
  例）道具の変化で人々の暮らしはどのように変化してきたのだろう。
- 社会的事象を事象や人々の相互関係に着目して捉える。
  例）火災や事故を防ぐためにどのような工夫や努力があるのだろう。

このように「空間的に」「時間的に」「関係性的に」事象を見ることで、深い学びに向かう「問い」が生まれるのである。
さらに、この「見方・考え方」を通して、
- 比較・分類したり、総合したりして、知識を獲得する。
  例）地域の安全は消防や警察の未然防止と緊急対処によって守られている。
- 地域の人々や国民の生活と関連付けたりして、知識を獲得する。
  例）ごみ処理は市区町村の努力と住民の協力によって成り立ち衛生的な暮らしを維持している。

よって、この「かかわりの場」では具体的な資料やデータを提示し、子供たちが本時の学習問題をつくりあげる場として書いている。

② 対話的な学びを生む協働（つながりの場）

　この場は本時の学習問題を提示し、多面的・多角的に考察して、社会的事象の構造を明らかにしていく場である。したがって、この場に書かれている発問が「主発問」となる。この場がよく誤解される「アクティブ・ラーニング的グループ学習」になりがちなのだが、先にも述べたようにアクティブ・ラーニングは「グループ学習」のような型ではない。ここでのポイントは「対話」である。それは、一斉学習でもグループ学習でも生まれるものである。「対話」とは「対になること」、つまり、つながりを生む議論である。それは、子供たちが教師、仲間、取材先の方々、書物などに現れた先哲の知恵とつながり、自己の考えを広げるということである。このつながりの中で「社会的な見方・考え方」で物事を捉えることで、多面的、多角的な考察をしていくことが大切となる。例えば、「火災が起きた時、どうして5分以内で到着することができるのか？」という学習問題に対して、ある子は「119番を受けるセンターからすぐに情報が伝えられるのではといった関係性に問いをもち考える」、ある子は「消防の人たちが少しでも早く行動できるように日頃から訓練をしているといった時間的な問いをもち考える」、ある子は「現場までどのルートで行けば、早く到着することができるか考えて出動しているといった空間的な問いをもち考える」といった見方・考え方が、授業という場でつながり始め、火災における消防活動といった社会的事象を「多面的」に捉え、考察するのである。そうすることで日本の防災活動の構造が明らかになり、授業という協働の場ができあがるのだ。また、

同じように，子供たちの見方・考え方がつながり出し，「お店の仕事」の学習において，販売者の立場で，消費者の立場で捉えたときには，「多角的」な考察になる。

いずれにせよ，この「つながりの場」では，様々な学習形態が考えられる。授業の中で調べる時間を設定したり，あらかじめ学習問題を子供たちに伝え，家での学習との往復を設定してもよい。ジグソー学習の要素を取り入れてもよいだろう。しかし，ここで重要なのは，社会的事象を多面的・多角的に構造化することである。本書は，どのような視点で分類していくかを各時間ごとに例示している。参考にしていただきたい。

③ 次時へ見通しをもつ主体的な学び（創り出す場）

1時間の学びのまとめの場である。ここでは，問題解決の見通しをもって取り組んできた子供たちが，一様の納得を生み，その上で学習を振り返る場である。振り返るに当たり，より子供たちが主体的に考えられるように実社会や実生活，自己に結び付けた発問をする。そうすることで，次時へ見通しがもてるように発問を設定している。

この場を「創り出す」としているのは，社会科における「思考力，判断力，表現力等の育成」において，「考察する力」の他に「構想する力」の育成が記述されたことを受けている。また，考察，構想したことを「説明する力」，「議論する力」も提示された。つまり，社会的事象の意味を多面的・多角的に考えるだけではなく，社会に見られる課題を把握して，解決に向けて学習したことをもとに社会へのかかわり方を選択・判断する力が求められているのだ。そこで，「創り出す場」では，学んだことを自分事として捉えたり，当事者の気持ちになって考えたりし，自分の考えを構想することを行い，それを教師が評価する場として設定した。それぞれの時間に「模範解答」も記しているが，もちろんこれが正解ではない。ただ，よく授業で見られるような最後の5分間で授業の「振り返り」をノートに書き，そこに偶然書かれたことの善し悪しで評価をするのではなく，解決に向けて学んだことをもとにしているか，その妥当性や効果，実現可能性などを読み取り，評価することが重要である。

「審議のまとめ」では「社会の形成者として主体的に参画しようとする資質・能力」という文言があり，これは社会科にとっては切り離せない問題である。自分自身と社会を結び付けて考え，構想することを積み上げていくことで，よりよい社会を考え，学んだことを社会生活に生かそうとする態度を育成することができると考える。

板書構成について

本書の特徴の一つとして，毎時間の板書例を掲載させてもらった。もちろん私が実際に書いたものである。近年，ＩＣＴが教育現場に浸透し始め，教室に大型テレビ，実物投影機，ノートパソコン，教師や子供たちの手にはタブレット端末……という環境が珍しくなくなった。社会科は教材が命であり，大型の画面で問いを生み出す資料を提示することは極めて効果的であ

る。私自身も，毎時間たくさんの資料を子供たちに提示しながら授業を進めている。このような授業を進めていくと，板書することがおろそかになってしまう場合がある。ともすると，大型画面に映した資料やデジタル教科書だけで授業が成立してしまうことさえある。しかし，これでは子供たちに主体的・対話的で深い学びを生み出すことはできないだろう。なぜなら，板書にはＩＣＴ機器には代わることのできない役割があるからである。それは，社会科の本質である，「見えないものを表現する場」であるからだ。社会科は社会的事象の意味を見いだす学習である。それは見えないものであり，それを明らかにするために，事実をもとに調べ，考え，多面的に多角的にその構造を明らかにしていくのである。それが，1時間の授業の中で子供たちの思考と同期しながら進んでいくのが板書である。したがって，授業の最後には事象の意味が見えるようになっている。それが板書の役割である。また板書例を授業前に考えることは，授業者自身がその時間で扱う社会的事象の意味を構造化することができ，相互関係やつながりを表すことで概念的知識に変換していくことができるのである。以下は私自身が板書で心がけている構造化の基本構成である。参考にしていただきたい。

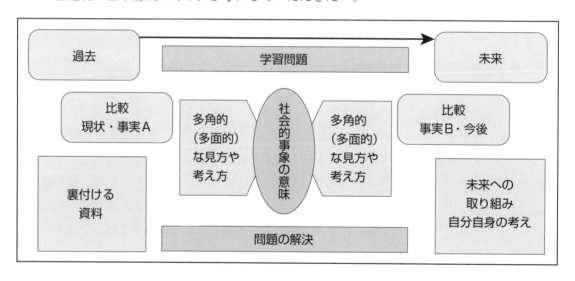

ＩＣＴの活用について

　授業構成案の中に，「ＩＣＴの活用」についてのメモも入れている。昨今ＩＣＴ機器の性能が格段と向上しており，授業の中で活用できる場面が増えている。全てＩＣＴをつかって授業をするということではなく，授業の要所で効果的に効率的につかえることが重要である。ＩＣＴの活用については，以下のようなものが考えられる。

・大型モニターに資料やグラフを提示。
・プレゼンソフトなどをつかい，アニメーションを表示。
・実物投影機をつかってノートなどを提示。
・デジタル教科書やネットコンテンツによる動画視聴。

・タブレット端末を活用した集中管理。
・Google Earth などを活用した地域の俯瞰提示。

単元のまとめについて

　単元の最後にはまとめの時間を位置付けている。単元の内容に合わせポスター，新聞，マップといった3・4年生がイメージしやすく，楽しく取り組めるものを取り上げている。この表現活動には以下のような意味がある。

・考察したことや構想したことをまとめる。
・学習過程を振り返り，結論をまとめる。
・相手意識をもって，他の児童と議論できるようにまとめる。
・自分の調べ方や学び方を振り返る。
・学習の成果を他者に伝える。
・新たな課題を見いだす。

といったものである。これらは「思考力，判断力，表現力等」を育成するものであり，中でも，主旨が明確になるように内容を考え，社会的事象について自分の考えを論理的に説明できるといった「考察したこと，構想したことを説明する力」や，他者の主張を取り入れたり，自分の考えを再構成しながら，社会的事象に対する自分の考えを主張するといった「考察したこと，構想したことをもとに議論する力」を育てていく。

　本書では，表現活動を通して，身に付けてほしい「社会的な見方・考え方」を単元の内容に合わせて評価項目を設定している。

2　本書の読み方

【板書】
1時間の授業における板書例。子供たちの意見を位置付けていきながら，その時間の問題を解決し，社会的事象の構造がわかるようなレイアウトで書いています。思考の見える化的意味をもっています。

【取り扱う単元】
小学校社会科を取り扱う教科書会社「東京書籍」「教育出版」「日本文教出版」「光村図書」を総合的に見て，書かせていただいています。

【深い学びを生む学習問題】
授業の導入場面。子供たちに問いが生まれるように資料を提示し，そこから本時で取り上げる「学習問題」をつくっていきます。社会科における「見方・考え方」を引き出しながら教材にかかわり，つくることがポイントです。ここをスタートとして問題解決の学習過程をつくります。

【資料】
私自身が現地で撮影したものや教材研究の中で見つけたものをつかっています。欲しい資料がありましたら私までお問い合わせください。

---

6 [水のゆくえ]
2　水はどこからやってくる？
(学習課題No48・1時間構成)

◆板　書
❶深い学びを生む学習問題

❷対話的な学びを生む協働　　❸次時へ見通しをもつ主体的な学び

アクティブ・ラーニング的学習展開

❶　深い学びを生む学習問題（かかわる）
発問：ダムの水はどこへ？

自分たちの飲んでいる水が「ダム」から始まっていることを知った子供たちに，ダムの水がどのように自分たちの家の蛇口まで届くのかという問いを前時で生む。

そこでまず，ダムが水を放流している写真を提示し，この水がどこへ行くのかを考えさせたい。すると子供たちは「川になる」と予想できるはずなので，次にダムから流れる川の様子を写真で提示したい。そこで，川になって流れる水が，わたしたちが普段飲めるようになるには，どんなことが必要か？を問いとして見いだし，水のゆくえについて調べる活動につなげたい。

ICT…ダムが水を放流している動画を提示（NHK for School）。

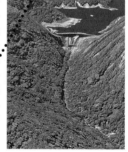

【ICTの活用】
本時の学習の中で，効果的・効率的に活用できる場面を簡単に提示しました。子供たちの関心意欲を高める上で，ぜひ活用してほしいものです。

【本時のねらい】

この時間で育成したい資質・能力です。「知識及び技能」「思考力，判断力，表現力等」「主体的に学習に取り組む態度」をもとに作成しています。

💡 本時のねらい
【思考力，判断力，表現力等】川の水がどのように家庭まで届くのかを考え，予想を立てることができる。
【主体的に学習に取り組む態度】川の水をどのようにきれいにするのか予想することができる。

❷ 対話的な学びを生む協働（つながる）
発問：川の水が飲めるようになるには？

川の水をとる	川の水をきれいにする	川の水を家庭に送る
・川はいつかは海に流れていく ・流れる川の水を取り出す場所があるはず	・川の水は汚れているから飲めないよ ・水をきれいにする施設があるのでは	・川の水を飲めるようにしたとしても，どうやって家庭まで送るのか ・地面の下を流れる？

取水場　　浄水場　　水道管
(多治見市HPより)

実際には浄水場を見学したり，水道局のパンフレットを調べたりしながら，水が家庭まで届く過程を次時で調べていくようにする。しかしその前に，どのように届くのかを予想させることが大切である。

❸ 次時へ見通しをもつ主体的な学び（創り出す）
発問：川の水をどのようにきれいにしているのか？

子供たちに，川の水を飲むことができるようにどのようにきれいにしているかも考えさせたい。そのため，どのように汚れているのかを考えさせるとよい。

🌀 評価　評価は以下の場面で考えられる
・❷の協働場面での評価…川の水がどのように届くのかを多面的に考えられているか。
・❸の場面での評価
【模範解答例】川の水には砂などがまじっているから，それをとらなければいけない。／細かい病原菌などが入っている可能性もあるので，薬などをまぜているのではないか。

【対話的な学びを生む協働】

子供たちが見方・考え方をつかってつくり出した「学習問題」を協働して解決していく場面です。事象のいろいろな側面を見る「多面的な考察」と，事象を立場を変えて様々な角度で見る「多角的な思考」をして，事象の構造化を図る場面です。一斉学習，グループ学習にとらわれず，子供たちの対話でできるつながりを構造化していきます。

【次時へ見通しをもつ主体的な学び】

社会科における「構想する力」を育成する場です。学んだことを自分事として捉えたり，当事者の気持ちになって考えたりし，自分の考えを構想し，表現します。課題を把握して，解決に向けて学習したことをもとに社会へのかかわり方を選択・判断する力が重要です。その過程の中で次時への新たな課題を見いだしていきます。ノートに記入して，発言することが理想です。

【評価】

主に❸の場面で書いたことの評価を模範解答例として載せました。子供たちなりの見方・考え方が本時の授業をもとに表現されているかが評価のポイントです。

1章　主体的・対話的で深い学びを実現する！社会科授業デザイン

2章
主体的・対話的で深い学びを実現する！
社会科授業づくりの教科書　板書＆展開プラン

1　［身近な地域］

1　社会科ってどんなことを学ぶの？

(学習課題No.01・1時間構成)

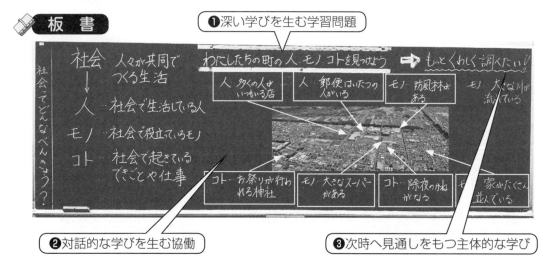

アクティブ・ラーニング的学習展開

❶ 深い学びを生む学習問題（かかわる）
　　発問：社会ってなんだろう？

ICT…グーグルマップの活用。また，地域のランドマークを提示する。

　3年生から始まる社会科。子供たちにとって社会科はどんなことを学ぶのか興味関心が高いはずである。しかし，社会科は一言でいうとどんな教科なのか？　子供たちは，国語は「日本語や文章を学ぶ」，算数は「数字を学ぶ」，理科は「自然を学ぶ」といったイメージをもつであろう。となると社会科は「社会を学ぶ」である。では，社会とは何か？　この「社会」という言葉を3年生の子供たちにわかりやすく伝えることが社会科の学習のスタートラインである。子供たちには以下のように伝えたい。

　【社会】とは【人々が共同でつくる生活】である。「社会科」はその仕組みを学ぶ教科である。そのため，学ぶものが無数に存在することから，自分で「調べる」ことも社会科の大切な目標になっている。そこで，子供たちには次のことを調べて考えることが大切だと教えたい。

【人】…社会をつくっている人について調べて考える
【モノ】…社会で役立っているモノについて調べて考える
【コト】…社会で起きている出来事，仕事について調べて考える
これらのことを通して社会科の学習を進めることを伝える。

本時のねらい

【主体的に学習に取り組む態度】社会科が「社会」の人，モノ，コトを調べて考えることであることを理解し，自分たちの町をその視点で見つめることができる。

❷ 対話的な学びを生む協働（つながる）

発問：わたしたちの町の「人」「モノ」「コト」を見つけよう。

学校の周りをグーグルマップで画像化し，子供たちに提示する。図の中から【人】【モノ】【コト】について話し合いをするとよい。

- 【人】多くの人がいつもいる店
- 【人】郵便配達の人がいる
- 【モノ】防風林がある
- 【モノ】大きな川が流れている
- 【コト】お祭りが行われる神社がある
- 【モノ】大きなスーパーがある
- 【コト】除夜の鐘が鳴る
- 【モノ】家がたくさん並んでいる

ここでは子供たちが知っていることを多く発散させ，学校の周りの様子を視覚化させたい。当然，地域の中にあっても知らない子もいるはずなのであらかじめ画像などを用意して共有できるようにする。

❸ 次時へ見通しをもつ主体的な学び（創り出す）

発問：学校の周りをどのように探検しようとするとよいか？

子供たちにとっていちばん身近な「社会」として，学校の周りを調べる計画を立てる。「何を見て，何を聞いてくるか」「持ち物は何が必要か」「どんなふうにまとめるか」を計画するようにする。

評価　評価は以下の場面で考えられる

・❷の協働場面での評価…地域の様子について，生活と結び付けて考えることができているか。
・❸の場面での評価…探検の計画を具体的に立てることができているか。

【模範解答例】神社にはどんなものがあるか撮影して，その名前を宮司さんに聞く。

1 ［身近な地域］

2 わたしたちの学校の周りはどのような様子なのか？

(学習課題No.02〜05・4時間構成)

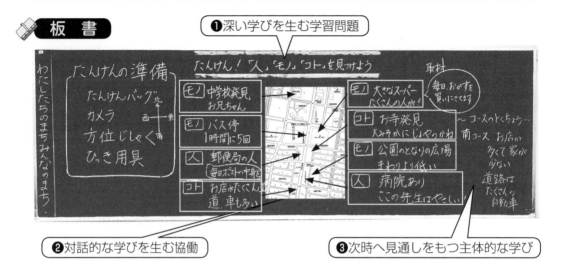

❶深い学びを生む学習問題
❷対話的な学びを生む協働
❸次時へ見通しをもつ主体的な学び

アクティブ・ラーニング的学習展開

❶ 深い学びを生む学習問題（かかわる）

発問：学校の周りを調べるのに必要なものは？

探検の際には地図を用意したい。3年生の子供たちにとってわかりやすいものがよい。今はインターネットをつかうと簡単に地図が手に入る時代である。また，地図作成関連のソフトウェアをつかうことで，地図をトレースできるので簡易的な白地図も作成することができる。さらに，方位磁針を持たせたい。児童用タブレットがあれば標準アプリとして「コンパス」が入っているはずである。探検中は発見したものを写真に撮りながら，地図に書き込んでいく。地図にはあらかじめランドマークになるものを記しておくことで，子供たちも地図のどこに当たるのかを見つけやすくなる。

探検の視点としては前時で伝えた【人】【モノ】【コト】について発見するようにうながしたい。

ICT…「地図スタジオ」などの専用ソフトをつかって地図をトレースするとよい。

【知識及び技能】 探検の計画にそって，実際に町の人，モノ，コトを調べて，まとめることができる。

【思考力，判断力，表現力等】 探検の結果について総合的に整理することができる。

❷ 対話的な学びを生む協働（つながる）

発問：さあ！たんけん！「人」「モノ」「コト」を見つけよう。

学校の周りを東西南北などでいくつかの方面に分けて，それぞれのグループに探検マップを作成するように指示するとよい。

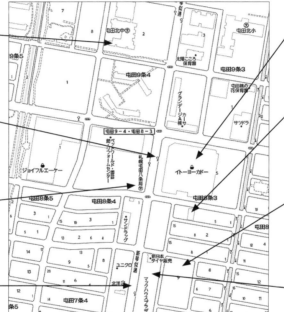

【モノ】中学校があります。お兄ちゃんが通ってます。

【モノ】バス停があった。1時間に5回ぐらい来るようだ。

【人】郵便局の人にインタビューした。毎日，ポストの中身を取りに来るよ。

【コト】お店がたくさん並んでいる道路。自動車も多い。

【モノ】大きなスーパー。たくさんの人が出入りしている。

【コト】お寺がある。大晦日に除夜の鐘が鳴るよ。

【モノ】公園の隣に大きな広場がある。周りよりも低くなっている。

【人】病院があります。ここの先生はとても優しいよ。

学校の周りをいくつかの特徴あるコースに分けて，4～5単位のグループで活動させたい。人への取材の仕方，写真撮影の仕方，地図への書き込み方などは事前に約束を決めておくことが重要である。また，保護者に引率を頼むなど安全面も考慮する。

❸ 次時へ見通しをもつ主体的な学び（創り出す）

発問：自分たちが探検したコースにはどんな特徴があったか？

自分たちが探検したコースを地図にまとめながら俯瞰的に特徴を整理するようにする。

評 価　評価は以下の場面で考えられる

・②の協働場面での評価…地域の様子について，視点にそって調べることができているか。
・③の場面での評価…探検したコースの特徴をまとめることができているか。

【模範解答例】 わたしの行った南側コースは，お店が多くて，家が少ないという特徴があります。お店が面している道路には多くの人や自動車がいました。

1 [身近な地域]

3 調べた絵地図をつなげてみよう

(学習課題No.06〜07・2時間構成)

❶深い学びを生む学習問題
❷対話的な学びを生む協働
❸次時へ見通しをもつ主体的な学び

アクティブ・ラーニング的学習展開

❶ 深い学びを生む学習問題（かかわる）
発問：絵地図をつなげるとどうなるか？

ICT…プロジェクターをつかい地図を黒板に映すことも考えられる。

　それぞれのグループで作成した「絵地図」をつなぎ合わせる。自分たちが探検していないコースも含めて，校区を中心とした町の特徴を俯瞰的に見ていくようにしたい。その際，右の視点で特徴を見いだすようにしたい。地形の様子とは，土地の高低，開けている土地，山々に囲まれている，川や海に面していること。土地利用とは，田畑，森林，住宅，商店街，工場といった地域。交通の広がりとは，道路や鉄道路線といった移動手段。公共施設とは，市役所，児童館，体育館，美術館，博物館，資料館，文化会館，消防署，警察署，交番，裁判所，検察庁，港などがあげられる。古い建造物とは，神社や寺院，伝統的建造物などがあげられる。これらを【人】【モノ】【コト】に分類し，町の見方を伝えて自分たちの町の特徴をまとめていきたい。

【町の特徴の視点】
・地形の様子（コト）
・土地利用…田畑，森林，住宅（コト）
・交通の広がり（人）
・公共施設…学校，公園，交番（モノ）
・古い建造物（モノ）
・人が集まる（人）

本時のねらい

【思考力，判断力，表現力等】人，モノ，コトの視点で町について着目し，それぞれの探検した地域の特徴を比較しながら総合的に整理することができる。

❷ 対話的な学びを生む協働（つながる）
発問：みんなで作成した地図をつなげよう。

グループでいくつかの方面に分けて作成し探検マップをつなぎ合わせ，1枚の大きな町の地図として完成させる。

【コト】この地域は建物があまりなくて，空き地が広がっている。

【モノ】防風林が直線的に続いている。人はいない。

【コト】小学校や中学校，高校，マンションが並ぶ。

【モノ】屯田兵の銅像がある。

【コト】お店がたくさん並んでいる道路。自動車も多い。

【コト】公園はバランスよく広がっている。

【モノ】大きな鉄塔が並んでいる。

【コト】このへんは家がぎっしり並んでいる地域。

【人】お店やバス停があり人が多い。

【モノ】川の周りに大きな土手がある。

地図をまとめながら，地域の特徴の他にも地図の表現の仕方も交流するようにする。色分けしたり，オリジナルの記号を作成したりするグループの意図を聞き，地図の機能についても考えられるようにする。

❸ 次時へ見通しをもつ主体的な学び（創り出す）
発問：学校がある町の特徴をまとめよう。

数チームのグループでつなぎ合わせた地図をもとに，校区の特徴を総合的にまとめる。

評価　評価は以下の場面で考えられる
・②の協働場面での評価…地域の様子を視点にそって考え，表現することができているか。
・③の場面での評価…自分たちの町の特徴をまとめることができているか。

【模範解答例】わたしたちの町は，北側には大きな空き地が多く，南側に向かって町が開けている。中央の通りには人も多く，バス停もあるので別な町とつながる道が南に伸びている。

1 [身近な地域]
4 地図記号をつかって表そう

（学習課題No.08・1時間構成）

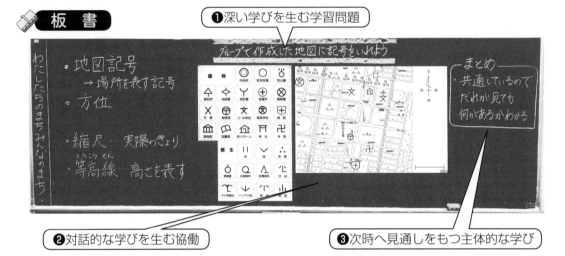

❶深い学びを生む学習問題
❷対話的な学びを生む協働
❸次時へ見通しをもつ主体的な学び

アクティブ・ラーニング的学習展開

❶ 深い学びを生む学習問題（かかわる）
発問：地図記号ってなんだろう？

実際の地図帳を覗くと様々な地図記号があることに子供たちは気付くはずである。自分たちで作成した地図には絵や写真をつかっているが，実際の地図には多くの記号がつかわれている。記号をつかうことで，誰でもわかり，簡単に表現できることに気付かせたい。右に主な地図記号を載せたが，他にも道路や鉄道に関するもの，地形に関するものなどがある。丸暗記させるのではなく，小中学校は文字を習うという意味から，神社は鳥居，交番は警棒など由来とともに指導することで関心意欲を高めたい。また，「方位」「縮尺」「等高線（色分け）」についても，3年生がわかる範囲で指導しておくことが大切である。3年生から地図帳が配布されることになったので地図帳を積極的に活用したい。

ICT…国土地理院のHPに記号が紹介されている（http://www.gsi.go.jp/KIDS/KIDS05.html）。

 **本時のねらい**

【知識及び技能】地図記号を調べて、自分たちの地図に地図記号を書き込んでいくことができる。またそのよさを理解する。

❷ 対話的な学びを生む協働（つながる）

発問：グループで作成した地図に地図記号を入れよう。

地図記号を確認しながら、記号で表せる場所に地図記号を書き込んでいく。

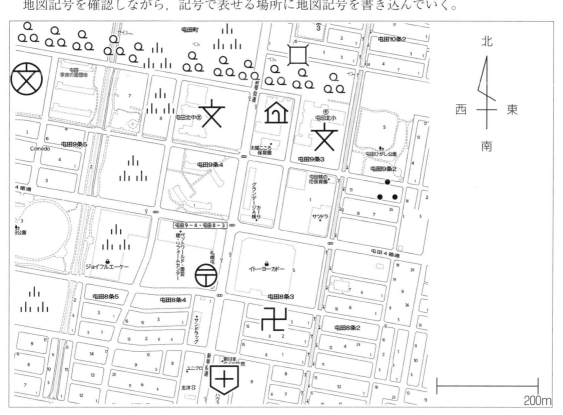

記号にないものは、学級で話し合いオリジナルの記号を作ったり、色分けするルールを決めたりして、地図を協働的に完成させるようにしたい。

❸ 次時へ見通しをもつ主体的な学び（創り出す）

発問：地図に記号を書き込むことでどんなよさがあるのか？

地図記号が共通で決められており、それがどのように活用されているのかを考えさせたい。

評価　評価は以下の場面で考えられる

・②の協働場面での評価…地図記号を調べ、協力して書き込むことができているか。
・③の場面での評価

【模範解答例】絵や写真だとわかりやすいけど、手間がかかる。／記号をみんなが共通で覚えていれば、何があるか簡単にわかる。

1 ［身近な地域］

5　市の地図を俯瞰してみよう

(学習課題№09・1時間構成)

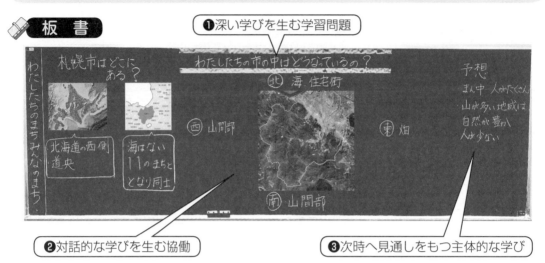

❶深い学びを生む学習問題
❷対話的な学びを生む協働
❸次時へ見通しをもつ主体的な学び

アクティブ・ラーニング的学習展開

❶ 深い学びを生む学習問題（かかわる）
発問：わたしたちの市はどこにある？

ICT…地図ソフトの画像を透過することで，境界線を描くことができる。

　前時までで学校周辺の地域の特色をまとめたが，本時では，さらに市区町村まで範囲を広げて俯瞰して見ていくことが大切である。ここではまず，都道府県内における市の位置に着目したい。まず，都道府県の地図を提示し，住んでいる市区町村の位置がどこか予想させる。さらに正解を伝えた上で，都道府県のどの辺りを表現したらよいかを地図帳を見ながら考えさせたい。右は札幌市の例であるが，北海道の西側に位置し，北に石狩市，当別町，東に江別市，北広島市，南に恵庭市，千歳市，伊達市，喜茂別町，西に小樽市，赤井川村，京極町と11の市町村と隣接していることを理解させたい。また周囲の市町村よりも面積が広いことにも注目し，札幌市の中がどのようになっているのかを想像させていく。

本時のねらい

【主体的に学習に取り組む態度】自分の住んでいる市区町村について関心をもち，地形の様子や土地利用，公共施設や交通の広がりを予想して調べる計画を立てることができる。

❷ 対話的な学びを生む協働（つながる）

発問：わたしたちの市の中はどうなっているの？

自分が住んでいる市区町村の位置を知った上で次に，わたしたちの市にはどんな場所があり，それぞれどんな様子なのか？と学習問題を設定する。市区町村によって，特徴は様々であるが，都心部，山間部，港湾部，河川部，住宅地，温泉街，農作地などの視点でグループごとにまとめるようにする。

例えば，右は札幌市であるが，グーグルマップなどの地図に境界線を入れ，提示する。すると，南側の広い山間部，北側の住宅街，東側の農作地，南側の山間部の温泉街など，市の特徴を取り上げることができる。その上で，いくつかのグループに分けて調べ学習を行うようにしたい。

札幌市の場合は右のような10の行政区があるが，ここでは，「札幌駅がある中央区」「海に近い北区・手稲区」「丘珠空港がある東区」「定山渓温泉がある南区」に分けて調べ活動を行うとよい。

❸ 次時へ見通しをもつ主体的な学び（創り出す）

発問：調べる地域の様子を予想しよう。

調べ活動に入る前に，調べる地域の様子を想像し，予想を立てておくとよい。

評価　評価は以下の場面で考えられる

・②の協働場面での評価…札幌市全体の特徴を地図から考えることができているか。
・③の場面での評価

【模範解答例】南区はほとんど山なので，あまり人が住んでいない。かわりに動物がたくさんいそうだ。／中央区は駅があるのでたくさんの人がいて，ビルとかがたくさんあると思う。

1 [身近な地域]

6 駅の周りを俯瞰してみよう

(学習課題No.10・1時間構成)

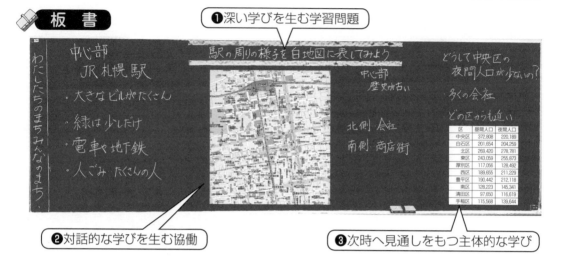

❶深い学びを生む学習問題
❷対話的な学びを生む協働
❸次時へ見通しをもつ主体的な学び

アクティブ・ラーニング的学習展開

❶ 深い学びを生む学習問題（かかわる）

発問：駅の周りには何があるか？

…Yahoo地図は目的に応じた地図を表示することができる。

前時までの流れから，グループごとに自分たちの市区町村について調べ活動に入る。市区町村によりそれぞれの特徴があるだろうが，ここでは汎用的な特徴であろう「駅の周り」について取り上げる。右の写真は札幌市中央区の「JR札幌駅」付近の写真である。ここから以下のことに着目させたい。

・大きなビルがたくさん並んでいる。
・緑は少ししかない。
・電車や地下鉄が走っているはず。
・建物の中に人がたくさんいそう。

駅の周りには大きなビルが立ち並びにぎやかな様子が想像できる。具体的にどのような様子かを調べるようにする。

本時のねらい

【知識及び技能】 駅の周りの様子を資料から調べ，白地図に整理することができる。

【思考力，判断力，表現力等】 昼間人口と夜間人口の違いから，駅周辺の人の流れの特徴を考えることができる。

❷ 対話的な学びを生む協働（つながる）

発問：駅の周りの様子を白地図に表してみよう。

子供たちには資料として建物の名称や色分けされた地図を渡す。また，同じ地域の白地図も用意する。資料を見ながら，以下のことを調べるようにする。

- 公共施設（市役所，学校，公園，図書館，消防署，警察署，博物館，美術館，裁判所など）
- 交通機関（国道，線路，バス路線など）
- 森林などの緑のある場所
- 古くから残る建造物（神社や寺院など）
- 多くの人々が利用する商店街

どの市区町村でも駅の周りは多くの人が集まり，公共施設が多く分布している。また中心部は歴史的にも古いことが多く，歴史的建造物も多く存在することにも注目したい。札幌市は，南北を分ける大通公園が基準となっており，北側に会社などが多く存在し，南側に商店街が広がるといった特徴をもっている。各市区町村ごとに駅周辺にはまちづくりの名残があるはずなので教材研究を進めておきたい。

❸ 次時へ見通しをもつ主体的な学び（創り出す）

発問：なぜ中央の夜間人口が少ないのか？

調べている地域の特徴を理解するための問いを提示することで考える場面を設定する。

区	昼間人口	夜間人口
中央区	372,808	220,189
白石区	201,654	204,259
北区	269,420	278,781
東区	243,059	255,873
厚別区	117,056	128,492
西区	189,655	211,229
豊平区	190,442	212,118
南区	128,223	145,341
清田区	97,650	116,619
手稲区	115,568	139,644

評価　評価は以下の場面で考えられる

- ❷の協働場面での評価…駅周辺の様子を調べて整理することができているか。
- ❸の場面での評価

【模範解答例】 中央区は電車や地下鉄，バスなどの交通機関が集中していて，ビルも多く，たくさんの会社があることから，昼間は多くの人が集中していると思う。逆に夜間はみんな家に帰るので人が減ることになる。

1 [身近な地域]
7　市の地域の特色をまとめよう

(学習課題No.11・調べる地域例)

以下のように市区町村での考えられる特徴をまとめたので参考にしてもらいたい。

農村地域…河川流域，広大な開けた平地
発問：どうして広大な農地が広がっているのか？

札幌市の東側は畑作地域が広がっている。このように農村地域がある場合は，土地利用の視点で着目する。札幌市の場合はそもそも広大な石狩平野が広がっていることと，札幌市内を流れる豊平川の豊富な水を活用した農村地域となっていることに気付かせたい。特に東区では，風が強く，乾燥しやすい気候に適している「玉ねぎ」を多く生産している。

また，「丘珠空港」や「モエレ沼公園」，「さとらんど」，「ソーラーファクトリー」など広大な土地を利用した施設が多く見られる。

温泉街…山々に囲まれた土地，温泉の利用
発問：どうして山の中がにぎわっているのか？

札幌市の南側には「定山渓温泉街」が広がる。1,200人ほどの人口の町に毎年100万人以上の観光客が訪れている。そこで定山渓の魅力について，取材などをして調べる活動が考えられる。

・筋肉痛や関節痛に効く温泉
・無料の手湯，足湯の設置
・夏場はカヌー，冬場はスキーなどを楽しめる
・山々に囲まれ，秋の紅葉が美しい

定山渓には様々な魅力があり，多くの人が足を運ぶために宿泊施設が数多くあることや，市民にとって憩いの場になっていることを理解させたい。またかつては鉄道が走っていたことなど歴史的な部分も着目させたい。

本時のねらい

【知識及び技能】駅の周りの様子を資料から調べ，白地図に整理することができる。

住宅地…住宅の広がり，公共施設
　　　　発問：ニュータウンにはどんなものがあるのか？

　各市区町村では計画的に都市開発が進められている。札幌市の北側にある「あいの里」は1980年から1990年の間に区画整理が行われ，右の写真のように多くの農地が住宅地へと変貌した。この10年間で8,100戸の住宅が建設され，人口230人だった地域が32,000人の住宅地へと変化している。住宅地の建設に伴い，学校，図書館，郵便局，ショッピングセンターなど，住民が利用するものが建設され，また大きな幹線道路や，鉄道の駅もつくられた。このように住宅の建設だけでなく，生活していくのに必要なものを揃えていくこともまちづくりには必要である。

　都市計画によって区画される地域は，市街地から離れた農地などが多く，高齢化に伴い離農し土地を手放す方が増え，住宅地に変わっていく背景がある。

港の周り…港の活用
　　　　発問：港の周りには住宅があまりないのはなぜ？

　港の周囲を調べさせると住宅地がほとんどないことに気付くであろう。実は港の周りには多くの工場が立ち並んでいる。これらは主に工業団地と呼ばれ，石狩湾新港では700を超える企業が立地している。ではなぜ，多くの工場があるのかを考えることで，港に来る船を活用して物資の出入りを行っていることに気付かせていきたい。また，港の海岸線が不自然に直線的であることから，「船がとまりやすいようになっている」ことや「埋め立てて人工的につくられた」ことにも気付かせたい。

　また石油や天然ガスなどの輸入，火力発電所の立地など大都市近郊でのエネルギー供給を担う機能も港はもっていることを理解する。

1 [身近な地域]

8　自分たちの市の紹介ポスターを作ろう

（学習課題No.12・調べる地域例）

💡 本時のねらい

【思考力，判断力，表現力等】自分たちで調べた地域の特徴を整理して，土地利用や交通の広がりなどに着目してポスターに表現することができる。

学習のまとめとして，「ポスター制作」を行う。このポスター制作は単元の導入で伝えておきたい。またポスターを誰に向けて発信するのかも計画していくことをすすめる。例えば，自治体とコラボして公共施設に掲示するなど目的意識を明確にしておくことが大切である。

アクティブ・ラーニング的記事作成

社会的な見方や考え方

【空間的な見方・考え方】
・市区町村の特色ある地域を調べてまとめることができる。

【ICT】…各地域の特色を表す画像資料を検索し，著作権などに配慮して上手につかわせたい。

【時間的な見方・考え方】
・神社や寺院など歴史的建造物を調べ，市区町村の歴史的変化をまとめることができる。

【相互関係に着目】
・交通機関の広がりを調べ，人の動きや生活と公共施設などとの関係を調べてまとめることができる。

【社会的事象を比較・分類・総合】
・市区町村の特色ある地域を比較し，土地利用や，交通の広がり，公共施設の場所や働きを比較して，まとめることができる。

【生活と関連付けて考える】
・地域の特徴が自分たちの生活とどのようにかかわり合っているのかを考え，まとめることができる。

評 価

新聞でのまとめ活動は，ただ教科書や資料集にあることを写し書きして，カラフルにまとめ，見栄えがよいものが高評価されることがあるが，ここでは上記の見方や考え方でまとめているかどうかをポスターの内容から評価することが重要である。

さっぽろじまん① ニュータウン	さっぽろじまん② 石狩湾新港

その市町村のキャッチコピー	さっぽろじまん③ たまねぎ畑

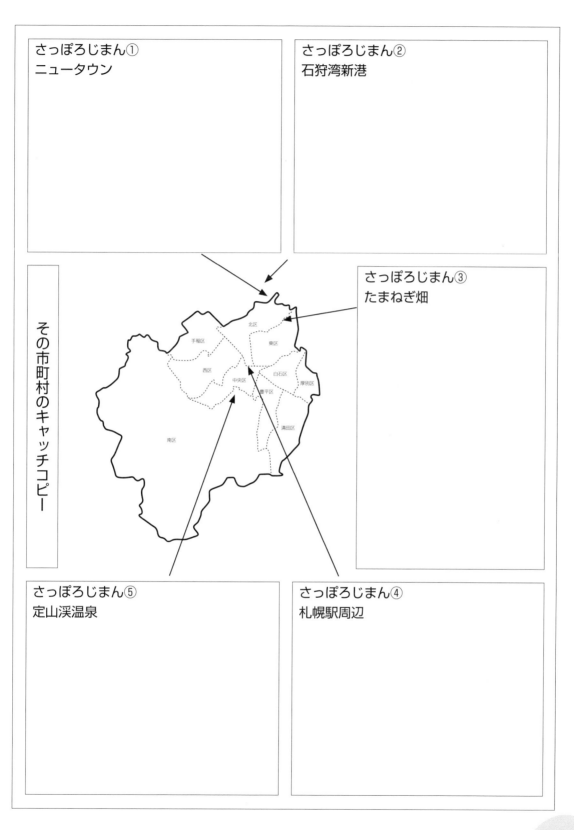

さっぽろじまん⑤ 定山渓温泉	さっぽろじまん④ 札幌駅周辺

1 身近な地域
2 工場の仕事
3 お店の仕事
4 消防の仕事
5 警察の仕事
6 水のゆくえ
7 ごみのゆくえ
8 昔の道具・地域単元

2 ［工場の仕事］

1 工場ってどんなところ？

(学習課題№13・1時間構成)

❶深い学びを生む学習問題
❷対話的な学びを生む協働
❸次時へ見通しをもつ主体的な学び

アクティブ・ラーニング的学習展開

❶ 深い学びを生む学習問題（かかわる）
発問：工場はどんなところか？

> ICT…Yahoo 地図の活用。「工場」と検索すると分布を調べることができる。

原料（カカオ豆）

製品（チョコレート菓子）

　本単元は生産の仕事について調べ，地域の人々との生活と密接なかかわりをもつことを理解する単元である。生産の仕事については主に農家の仕事や工場の仕事を取り上げ，教科書もその例示が多い。しかし，地元の特色を捉えた生産に関する仕事であれば他の仕事でもかまわない。（林業・水産業など）地元の特徴ある産業を選択して教材化をするようにしたい。ここでは例として「工場の仕事」を取り上げる。

　工場の学習の際には，まず「工場とは何か」を子供たちに理解させることが大切である。工場を理解させるには原料と製品を提示し，原料が加工され思いもよらないものに変化することから，どうやってこのような製品に変わるのか？という問いをもたせることが重要である。

本時のねらい

【主体的に学習に取り組む態度】工場が原料を製品に加工していく場所であることを理解し，地元にはどんな工場があるのか考え，学習の見通しを立てることができる。

❷ 対話的な学びを生む協働（つながる）

発問：わたしたちの町にはどんな工場があるのか？

工場の学習をする前に，まずはわたしたちの身の回りにどんな工場でつくられたものがあるのか，子供たちに考えさせる。そうすることで身の回りのほとんどのものが工場でつくられたものであることに気付くであろう。さらにはそれが何でつくられたものかといった点に着目し，工場に対する問いを深めていく。ここではまず，Yahoo 地図などを活用し，「工場」検索をしてみる。Yahoo 地図では，クリックすると工場名が表示されるので，3 年生の子供たちでも容易に調べ活動を行うことができる。

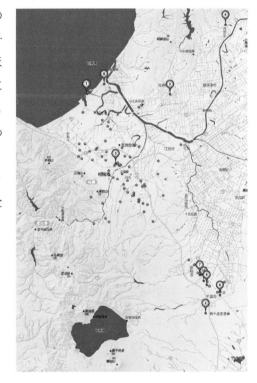

- 電機製品の工場…家庭用電化製品など
- 輸送機製品の工場…自動車など
- 機械製品の工場…建設機械，工作機械など
- 金属製品の工場…ネジやボルト，食器など
- 精密機械の工場…医療機器，カメラなど
- 化学製品の工場…化学繊維，合成ゴムなど
- 食品製造の工場…乳製品，冷凍食品など

北海道では札幌市に工場が集まっていることが明らかになる。それぞれ印のところを調べると，札幌市では「食品製造」の工場が多くあることに気付かせたい。

❸ 次時へ見通しをもつ主体的な学び（創り出す）

発問：工場のどんなことを調べたいか？

地元の教材化できる工場を選択したら，子供たちに学習計画を立てさせる。学習計画ではどんなことを調べたり，聞いてみたりしたいかを表現できるようにする。

評価　評価は以下の場面で考えられる

- ❷の協働場面での評価…工場分布図から工場の特色を調べることができているか。
- ❸の場面での評価…探検の計画を具体的に立てることができているか。

【模範解答例】製品にするためにどんな機械をつかっているのか知りたい。つくったものはどこに運ばれるのか調べてみたい。

2 ［工場の仕事］

2　工場ではどんなことをしているのかな？

（学習課題No.14・1時間構成）

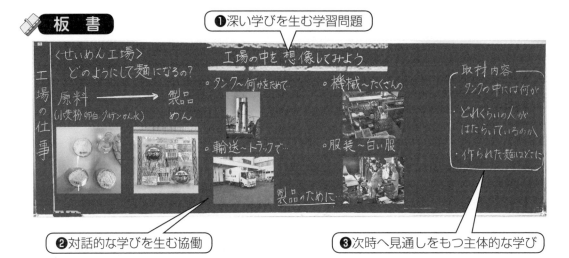

❶深い学びを生む学習問題
❷対話的な学びを生む協働
❸次時へ見通しをもつ主体的な学び

アクティブ・ラーニング的学習展開

❶ 深い学びを生む学習問題（かかわる）
発問：どのようにして麺になるのか？

> ICT…原料と製品の写真を比較して提示するとよい。

原料

製品

　工場の仕事の単元では，できるだけ工場見学ができる施設の教材化をするようにしたい。どうしても工場見学が難しい場合は，インターネットで調べるためのHPがあることや，子供たちが調べ学習を行うためのパンフレットなどの資料を準備するようにしたい（全国工場見学ナビ　https://kids.gakken.co.jp/factory/）。

　単元の導入では原料と製品を提示して問いを生み出し，工場では機械や人の手によってどのような加工が行われているのかを考えさせたい。ここでは，札幌市に本社がある製麺工場を取り上げた。原料である「小麦粉・卵白粉・グルテン・かん水」をはじめに提示し，どのようなものに変化するのか予想させ，製品である「ラーメン」を提示する。「どうやって？」という問いを生み出していく。

本時のねらい

【主体的に学習に取り組む態度】地元の製麺工場ではどのように麺をつくっているかに関心をもち，社会見学で取材することを多面的に考え整理することができる。

❷ 対話的な学びを生む協働（つながる）

発問：工場の中を想像してみよう。

原料が製品にどのように変化するのかを工場見学する前に想像させて，聞きたいことや見てみたいことを整理して視点をもたせることが重要である。しかし，ほとんどの子供たちは生活経験上でも工場のイメージをもつことは難しい。そのため写真などを提示しいくつかの視点を設定させたい。

タンク…何かを貯蔵している	機械…たくさんつくられる
 ・形の変わった筒状のタンク ・中に何かを貯蔵している ・何が入っているのか？	 ・機械をつかっている ・数多くつくっている ・どれくらいの機械があるのか
輸送…トラック	服装…白い服
 ・車でどこかへ運ぶ ・どこに運ぶのか？	 ・白い服装 ・手袋 ・マスク ・髪の毛も隠している

このような資料から，社会見学で取材するための内容を整理するようにしたい。また子供たちなりに予想を立てておくことも必要である。

❸ 次時へ見通しをもつ主体的な学び（創り出す）

発問：社会見学へ向けて取材内容を考えよう。

資料をもとにして取材したい内容を多角的・多面的に考え，取材ノートを作成したい。

評価　評価は以下の場面で考えられる

・❷の協働場面での評価…工場の資料から，取材内容を多面的に考えることができているか。
・❸の場面での評価…探検の計画を具体的に立てることができているか。

【模範解答例】タンクの中に何が入っているのか？　それは何に使うのか？／工場ではどれくらいの人が働いているのか？／1日にどれくらいの麺をつくるのか？／何種類の麺がつくられているのか？／つくられた麺はどこに運ばれるのか？

2 ［工場の仕事］
3　工場を見学しよう

(学習課題№15～17・3時間構成)

💡 本時のねらい

【知識及び技能】工場を見学して，前時までに深めていた問いについて調査し，必要な情報を直接的かつ間接的に集めることができる。

　ここでは3時間分の社会見学の時数を確保する。社会見学ではしっかりと目的意識をもち見学に臨むことが重要である。何を見るか，何を聞くかといった視点をもたなければ，「必要な情報を集める技能」が育たない。視点は単元全体の学習問題ではまだ弱く，具体的に問いをもたせることが効果的な社会見学につながる。

アクティブ・ラーニング的社会見学

社会的な見方・考え方

問いのもち方～工場見学の場合

【空間的な見方・考え方】
・原料がどこから来ているのか，製品がどこに運ばれているのかなど。

【時間的な見方・考え方】
・工場ができてからどれくらいたつか，製品ができるまでどれくらいかかるかなど。

【相互関係に着目】
・工場の人のつくり方や働き方には，どのような工夫があるのか，機械をつかうところと，手作業で行うところがあるのはなぜかなど。

　このような視点で問いをもち，取材のためのメモを準備しておくようにする。さらに，取材した後には，次の方法で，考察や構想をしていくことが求められる。

【社会的事象を比較・分類・総合】
・札幌市だけではなく，全国に，遠くは世界にまで麺を届けているということはそれだけ美味しく，信用されている。

【生活と関連付けて考える】
・こんなにたくさんのラーメンの麺をつくることができるから札幌市にはたくさんのラーメン屋さんがある。

　見学中は，短い言葉で，箇条書きでまとめるように練習することも必要である。また書くことに夢中になりがちなので，見る事，聞く事8割，書くのは2割で見学できるように指導する。

取材カード	名前
着目点①製品はどこにいくのかな？	着目点②完成までどれくらい？
着目点③どんな機械があるかな？	着目点④どんな人が働いている？

その他（驚いたこと，工夫している点など）

2 ［工場の仕事］

4　製品がつくられる工程をまとめよう
(学習課題No.18・1時間構成)

板　書

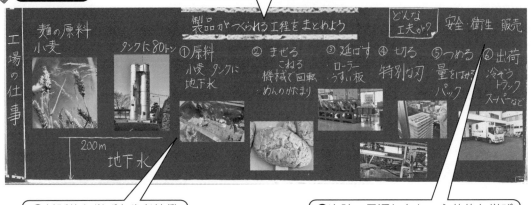

❶深い学びを生む学習問題

❷対話的な学びを生む協働

❸次時へ見通しをもつ主体的な学び

アクティブ・ラーニング的学習展開

❶ 深い学びを生む学習問題（かかわる）
発問：原料はどんなものか？

ICT…デジタルカメラ等で撮影した写真を提示しながら見学を思い出せるようにする。

　社会見学のあとは、工業製品が完成するまでの工程をまとめるようにする。その際、まず「原料」がどのようなものであるかを共通理解することが必要である。ラーメンの麺の場合、小麦が主な原料である。小麦といってもわからない子が多いことも考えられるので、小麦はパンやうどん、お菓子、パスタ、そうめんの原料であることも伝え、イメージしやすいようにする。その小麦が工場横のタンクに80トンも貯蔵されている事実や、工場の地下200メートルから地下水を汲み上げて麺をつくっていることを再認識し、工場での工程をまとめるようにする。

本時のねらい

【知識及び技能】 製麺工場を社会見学した結果をもとに，原料から製品になっていく工程を整理してまとめることができる。

❷ 対話的な学びを生む協働（つながる）

発問：製品がつくられる工程をまとめよう。

社会見学したことをもとに製品が完成するまでの工程をまとめていく。

①原料		②まぜる・こねる	
	・小麦から作られた小麦粉をタンクの中に80トンも貯蔵している ・200メートルの深さの地下水を汲み上げている		・小麦粉に卵白粉やかん水をまぜて，機械で回転させてこねる ・こねた材料は麺塊にして熟成させる
③延ばす		④切る	
	・熟成した麺をローラーで薄い板のように延ばす		・薄く延ばした麺の板を特別な刃のカッターで切る
⑤詰める		⑥出荷	
	・切り終わった麺の量を計って，パックに詰める		・冷蔵庫付きのトラックに積んでスーパーや業務店に運ぶ

それぞれの工程で子供たちが見学して気が付いたことを取り上げていくようにしたい。

❸ 次時へ見通しをもつ主体的な学び（創り出す）

発問：社会見学を通して気が付いたことを交流しよう。

生産工程を理解しながら，その中での工夫についてまとめることも重要である。「安全で安心のための工夫」「衛生面での工夫」「販売面での工夫」についてまとめる。

評価　評価は以下の場面で考えられる

・❷の協働場面での評価…社会見学の取材メモから，生産工程をまとめることができているか。
・❸の場面での評価…工場の工夫を多面的に見つけることができているか。

【模範解答例】 金属探知機や人の目で安全を確認していた。／作業している人は全員白い服を着て，帽子，マスク，手袋をしている。／何種類もの麺をつくって，販売したり，ラーメン店に送ったりしている。

2 [工場の仕事]

5　工場で開業支援をするのはどうして？

(学習課題No.19・1時間構成)

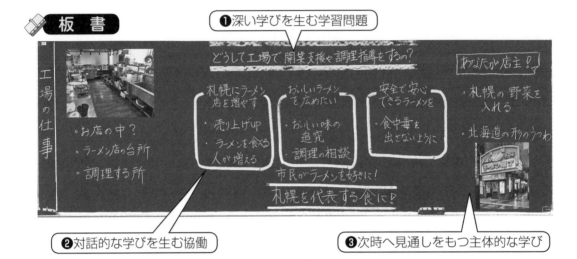

❶深い学びを生む学習問題
❷対話的な学びを生む協働
❸次時へ見通しをもつ主体的な学び

アクティブ・ラーニング的学習展開

❶ 深い学びを生む学習問題（かかわる）
発問：工場にあるこれはなんだろう？

> ICT…視点の変換ができる写真を拡大提示する。

　工場の学習では地域の人々の生活との関連も取り扱うことになっている。したがって，工場と地域の人々との接点となる社会的事象を教材化して，思考・判断・表現する力を育てたい。ここでは，工場内にあるラーメン店の厨房スペースの写真を提示して，なぜ，工場内に厨房が存在するのかを考えさせることにする。これまで，工場での生産工程や工場で働く人々を調べ，まとめてきた子供たちが，地域の人々の視点で考えられるように視点を変換する。

　このように，社会的事象の構造を明らかにするために，多面的・多角的な考察を生み出す学習問題を，知識を獲得してきた子供たちにあたえることが単元構成の中に必要である。製麺工場と地域のラーメン店，ラーメンを食べる市民の立場で考えられるように問題解決を深めていく。

本時のねらい

【思考力，判断力，表現力等】製麺工場が開業支援や調理指導といった社会貢献的活動をしていることの意味を，多角的（立場）・多面的（価値）に考えることができる。

❷ 対話的な学びを生む協働（つながる）

発問：どうして工場でラーメン店に開業支援や調理指導を行うのか？

工場の生産工程の中にはない，子供たちにとってはこれまでの知識理解だけでは解決できない，学習問題を設定する。

札幌にラーメン店を増やしたい	美味しいラーメンを広めたい	安全で安心できるラーメンを作ってもらいたい
・工場で生産した麺をつかったラーメン店が新しくできれば売り上げが伸びる ・ラーメンを食べる機会が増える	・お店の人と相談し合いながら，美味しいラーメンを追究できる ・調理の相談に応じる	・ラーメン店がいつも安心で安全なラーメンを作れるように助言する

市民がラーメンを食べて喜ぶ

札幌観光を代表する味になる！

札幌グルメ BEST 3
・ラーメン
・スープカレー
・ジンギスカン

製麺業者がラーメン店の開業支援や調理指導を行うという社会的事象は，ラーメン店や市民の視点に立つことで，社会貢献の視点が見えてくる。このように生産の学習では，生産したものが地域の人々のためになっていることを理解することが重要である。

❸ 次時へ見通しをもつ主体的な学び（創り出す）

発問：自分がラーメン店の店主になって新メニューをつくろう。

実際にラーメン店の店主になって，どんなラーメンを作りたいか考える。ここでは「札幌市を代表するラーメン」という視点をもって考えるようにするとよい。また，実際に工場の人に評価してもらう取り組みが考えられる。

評価　評価は以下の場面で考えられる

・❷の協働場面での評価…工場の開業支援や，調理指導について多面的に考えることができているか。
・❸の場面での評価…工場の工夫を多面的に見つけることができているか。

【模範解答例】札幌の農産物を具に入れたラーメンがよい。／北海道の形をした器に入れたラーメンにしたい。

2 [工場の仕事]

6　製品はどこに送られるのか？

(学習課題No.20・1時間構成)

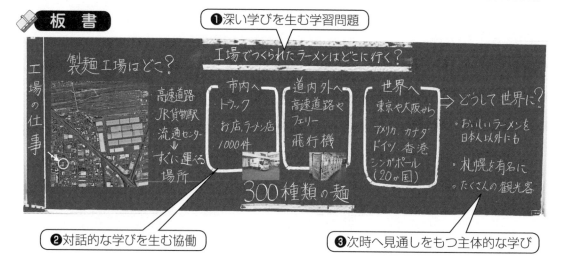

❶深い学びを生む学習問題
❷対話的な学びを生む協働
❸次時へ見通しをもつ主体的な学び

アクティブ・ラーニング的学習展開

❶ 深い学びを生む学習問題（かかわる）

　　発問：製麺工場はどこにあるのか？

> ICT…グーグルマップを活用して工場の周辺を衛星画像で提示する。

　この製麺工場では1日12万食のラーメンを生産している。このラーメンはどこに運ばれているのか。輸送の視点を設け，他地域や外国とのかかわりに気付かせたい。そこで，まず工場の位置を地図で確認する。子供たちには以下のことを気付かせたい。

・近くに高速道路が走っていて，出入り口がすぐそばにある。
・JRの貨物駅がすぐそばにある。
・流通センターもすぐ近くにある。
・つくったラーメンをすぐに運ぶことができるし，原料も受け取りやすい。

　工場の立地条件から，輸送に効率的な面を取り上げ，製麺工場のラーメンがどこに送られているのかを予想させたい。

本時のねらい

【知識及び技能】製麺工場の出荷先や配送手段を調べることができる。

【思考力,判断力,表現力等】製麺工場が市内だけではなく,全国,海外にラーメンを出荷していることが,売り上げだけではなく,市の食文化を広めることにもつながることを考えることができる。

❷ 対話的な学びを生む協働(つながる)

発問:工場でつくられたラーメンはどこに運ばれるのか?

工場で製造されるラーメンが出荷される場所を調べ,交通網について取り上げるようにする。

市 内 へ	道内外へ	世界へ
・トラックで市内に運ぶ ・お店やラーメン店,学校に運ぶ ・1,000軒のラーメン店に運ぶ	・高速道路やフェリーで道内のお店やラーメン店に運ぶ ・飛行機で道外へ運ぶ	・東京や大阪から船でアメリカ,カナダ,ドイツ,香港,シンガポールなど20か国へ運んでいる

配送先から,交通網についても触れておきたい。高速道路は空港に接続していること,フェリーを使って本州まで運べば,日本全国で高速道路がつながっていること,鉄道は北海道から九州までつながっていること,船や飛行機は海外まで輸送することができることを知識として習得するようにする。また,麺は生物であるから,冷蔵しておかないと傷んでしまうのでトラックが冷蔵できるようになっていることや,海外までは時間がかかるので冷凍して送ることも理解させたい。製麺工場では集荷先に合わせて,300種類の麺を製造している。

❸ 次時へ見通しをもつ主体的な学び(創り出す)

発問:製麺工場ではどうして世界にまで出荷することにしたのか?

1953年に創業した本製麺工場では1975年頃からラーメンを海外へ出荷している。日本の食べ物であるラーメンをどうして世界へ進出させたかを考えたい。

評 価   評価は以下の場面で考えられる

・②の協働場面での評価…工場が出荷している先や輸送方法を調べることができているか。
・③の場面での評価

【模範解答例】美味しいラーメンを日本以外の人にも認めてもらい,売り上げをあげたい。/札幌の食文化を世界に広げることで,札幌にたくさんの外国の人が来る。

2 ［工場の仕事］

7　工場の学習をまとめよう

(学習課題No.21・1時間構成)

本時のねらい

【知識及び技能】工場を見学して，前時までに深めていた問いについて調査し，必要な情報を直接的かつ間接的に集めることができる。

学習のまとめは，工場の生産工程を中心に下記のようなポイントで，右のワークシートに書き込ませるようにしたい。これまでの学習の積み上げから子供たちが主体的に取り組み，仲間と協働しながら，社会的な見方・考え方を働かせて本単元の社会的事象を考察し，自分自身の考えを構想する力を表現することが深い学びにつながる。

アクティブ・ラーニング的記事作成

社会的な見方・考え方

学習のまとめ方～工場見学の場合

【空間的な見方・考え方】

・原料がどこから来ているのか，製品がどこに運ばれているのかなど交通網も含めて生産の広がりを理解している。

【時間的な見方・考え方】

・いつ工場ができたのか，海外進出はいつからか，また製品ができるまでどれくらいかかるかなどを整理してまとめている。

【相互関係に着目】

・どのような仕組みで製品ができあがっているのか，工場の人のつくり方や働き方には，どのような工夫や努力があるのか，機械をつかうところと，手作業で行うところがあるのはなぜかなど事象や人々の相互関係について整理している。

このような視点で学習をまとめ，自分なりの考察や構想を表現できるようにする。

【社会的事象を比較・分類・総合】

・札幌市だけではなく，全国に，遠くは世界にまで麺を届けているということが札幌の食文化を広めることにつながっている。

【生活と関連付けて考える】

・製麺工場があるからこそ，札幌市には多くのラーメン店があり，わたしたちもラーメンを美味しく食べることができる。

・これからも札幌市のラーメンが世界的にも有名になるように応援したい。

工場のひみつ	テーマ 麺はどのようにつくられているのかまとめよう				名前
工程①	工程②		工程⑤	工程⑥	まとめ
・小麦粉に卵白粉やかん水をまぜる ・機械で回転させてこねる	・こねた材料は麺の塊にして熟成させる				○工場では約130人の人が働いている。 ○1日に12万食のラーメンをつくっている。 ○つくられた麺は日本全国、モンゴルやタイやアメリカなど約20か国に送られている。 ○札幌市の自慢の食になっている。
原 料	工程③		工程④	出荷	
・小麦が原料 ・工場横のタンクに80トン					

〈工場で働く人の工夫〉

○働いている人たちの服装は白くて、頭も手も全部隠して、マスクもして作業をしていた。体からの菌が入らないように衛生面にすごく気をつかっていると思った。
○同じ作業を連続で行うところは機械の仕事になっていると思う。そのほうが間違いがなさそうだ。

3 ［お店の仕事］

1　よく行くお店はどんな店？

（学習課題No.22～23・2時間構成）

板書

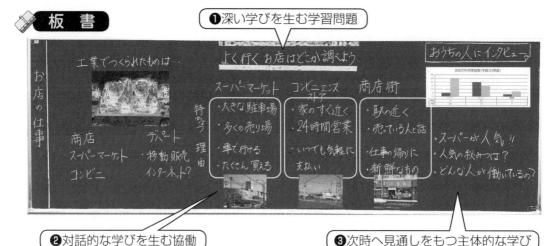

❶深い学びを生む学習問題
❷対話的な学びを生む協働
❸次時へ見通しをもつ主体的な学び

アクティブ・ラーニング的学習展開

❶ 深い学びを生む学習問題（かかわる）
発問：工場でつくられたものはどこへ？

　本単元は販売の仕事について調べ，お店が消費者の多様な願いを踏まえ売り上げを高める工夫をしていることを理解する単元である。前単元の流れから生産されたものが，どのように販売されているのかといったことから，販売の仕事に学習の視点を設定するとよい。ここでいう販売店とは，地域にある小売店，スーパーマーケット，コンビニエンスストア，デパート，移動販売などである。

地域の実情に合わせ，また前単元で取り扱ったものに合わせ教材化するとよい。ここではスーパーマーケットを取り上げる。まずは，地域の中の販売店の利用状況を調べ，販売店における差を取り上げたい。調査では，「スーパーマーケット」「コンビニエンスストア」「商店街（八百屋等）」をどの程度利用しているかを保護者に取材し，表・グラフを作成するようにする。

💡 本時のねらい

【知識及び技能】各家庭でよく行くお店を調べ，表やグラフにまとめることができる。
【主体的に学習に取り組む態度】よく行く店がスーパーマーケットであることから，スーパーマーケットの販売にはどんな特徴があるのか学習計画を立てることができる。

❷ 対話的な学びを生む協働（つながる）
発問：よく行くお店はどこか調べよう。

> **ICT**…実際に調べた数をつかって，Excelなどのソフトウェアでグラフ化するとよい。

特徴と理由をまとめ，下記のように整理する。

	スーパーマーケット	コンビニエンスストア	商店街
特徴	・大きな駐車場がある ・たくさんの売り場がある	・家のすぐ近くにある ・24時間営業している	・駅の近くにある ・売っている人とお話ができる
理由	・駐車場が広く，車で買い物ができる ・多種類買える	・いつでも気軽に利用できる ・支払いなどもできる	・仕事の帰りに寄ることができる ・新鮮なものが安い

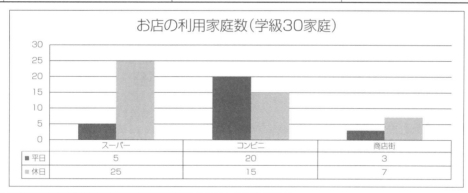

お店の利用家庭数（学級30家庭）

	スーパー	コンビニ	商店街
平日	5	20	3
休日	25	15	7

❸ 次時へ見通しをもつ主体的な学び（創り出す）
発問：スーパーマーケットの利用が多いのはどうしてか？

調べた結果から，休日にスーパーマーケットで多くの買い物をする家庭が多いことがわかる。ここからスーパーマーケットの様々な特徴に問いを見いだし学習計画を立てる。

🌸 評価　評価は以下の場面で考えられる

・❷の協働場面での評価…調査した結果をグラフにすることができているか。
・❸の場面での評価

【模範解答例】スーパーに多くのお客さんが来る人気の理由を調べたい。／働いている人の様子を調べてみたい。

3 [お店の仕事]
2 どのようにお店を利用しているか？
(学習課題No.24・1時間構成)

板書

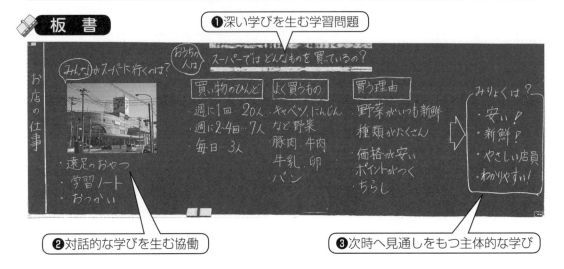

❶深い学びを生む学習問題
❷対話的な学びを生む協働
❸次時へ見通しをもつ主体的な学び

アクティブ・ラーニング的学習展開

❶ 深い学びを生む学習問題（かかわる）
発問：普段，スーパーマーケットでどんなものを買うか？

> ICT…地域のスーパーマーケットの画像を提示し，利用した経験を想起させる。

スーパーマーケットを教材化するに当たり，まずは子供たちがどんなものを買うのかを調査する。
・遠足の前におやつを買いに行く。
・家族で買い物に行った時にノートを買った。
・おつかいで牛乳とパンを買いに行った。

など，いろいろな商品を買っていることがわかる。しかも，「○○を買いに行く」という目的をもって買いに行っていることが見えてくる。一方，両親や祖父母など家族の方にも調査をしてみたい。ここでも「家族に取材する」といった「調べ学習」を意識させ，表などにまとめるようにする。3年生のうちにこのような家庭学習での調査を数多く行うことで，家庭で学ぶ意欲を高めることにつなげていく。家族のスーパーマーケットの利用調査を行い，どんなものを買っているか，どれくらいの頻度で行くかをまとめていく。そうすることで，自分たちと家族の買い物の仕方が違うことが見えてくるはずである。調査結果をグループでまとめ，結果を学級で交流する。

【知識及び技能】各家庭でスーパーマーケットを利用する理由を調査し，表やグラフにまとめることができる。
【思考力，判断力，表現力等】スーパーマーケットの魅力を想像し，考えることができる。

❷ 対話的な学びを生む協働（つながる）

発問：おうちの人はどんなものを買っているか交流しよう。

頻度と商品と理由をまとめ，下記のように整理する。

買い物の頻度	よく買うもの	買う理由
・週に1回…20人 ・週に2～4回…7人 ・毎日…3人	・キャベツ，にんじんなど野菜類 ・豚肉，牛肉など肉類 ・牛乳，卵 ・パン	・野菜がいつも新鮮である ・種類がたくさんある ・価格が安い ・ポイントがつくなどサービスがある ・チラシがくる

実際に調査することで，スーパーマーケットを家庭でどの程度利用しているかを具体的にしていく。また，ほとんどの家庭が不定期の利用ではなく，定期的に利用していることや，食料品や生活品など日常生活に欠かせないものを購入していることに気付かせ，スーパーマーケットを価値づけしていくことが重要である。そこで，定期的に通うスーパーマーケットにはどんな魅力があるのかを想像させ，見学への関心を高めていくようにする。

❸ 次時へ見通しをもつ主体的な学び（創り出す）

発問：スーパーマーケットにはどんな魅力があるのか話し合おう。

各家庭が定期的に通うスーパーマーケットにはどんな魅力があるのか？ 利用者の買う理由を参考にしながら，子供たちなりに予想を立てるようにする。この予想をしっかりと行うことで見学する意味が生まれてくるのである。

評価　評価は以下の場面で考えられる

・②の協働場面での評価…調査した結果を表にまとめることができているか。
・③の場面での評価

【模範解答例】売っているものの価格が安い。／品切れとかがなくて，いつも欲しいものがある。／新鮮なものや商品の種類がたくさんあって便利。／店員さんが親切。／店の中がわかりやすくなっている。

3 ［お店の仕事］
3　スーパーマーケットを見学しよう
(学習課題№25〜26・2時間構成)

💡 本時のねらい

【知識及び技能】スーパーマーケットを見学して，前時までに深めていた問いについて調査し，必要な情報を直接的かつ間接的に集めることができる。

ここでは2時間分の社会見学の時数を確保する。社会見学ではしっかりと目的意識をもち見学に臨むことが重要である。何を見るか，何を聞くかといった視点をもたなければ，「必要な情報を集める技能」が育たない。視点は単元全体の学習問題ではまだ弱く，具体的に問いをもたせることが効果的な社会見学につながる。

アクティブ・ラーニング的社会見学

社会的な見方・考え方

問いのもち方〜スーパーマーケット見学の場合

【空間的な見方・考え方】
・多くの商品はどこから運ばれてきているのか。

【時間的な見方・考え方】
・店内をすべて見るのにどれくらいの時間がかかるか。
・お店で働く人はどれくらいの時間働いているのか。

【相互関係に着目】
・お店の人にはどんな作業があるのか，どのような工夫があるのか。
・お客さんのためにどんなことに取り組んでいるのか。

このような視点で問いをもち，取材のためのメモを準備しておくようにする。さらに，取材した後には，次の方法で，考察や構想をしていくことが求められる。

【社会的事象を比較・分類・総合】
・スーパーマーケットでは，商品に合わせた置き方をしている。
・スーパーマーケットでは，お客さんにわかりやすい置き方をしている。

【生活と関連付けて考える】
・利用しているお客さんに，調理の仕方などいろいろな情報を与えているので生活に役立てることができる。

見学の際にはぜひスーパーマーケットから店内平面図をお借りし，右のワークシートに貼り付け見学するようにしたい。子供たちの関心意欲も高まる。

取材カード　　　　　　　　　名前

着目点①	商品はどこから来ているかな？
着目点②	売り方にはどんな工夫があるのかな？
着目点③	お店にはどんな仕事をしている人がいるかな？

（店内図）

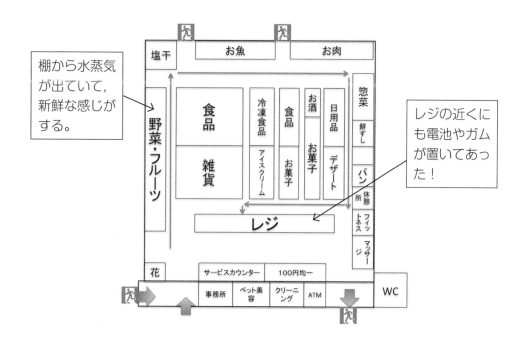

その他（驚いたこと，工夫している点など）

3 [お店の仕事]
4 見学したことをまとめよう
(学習課題№27～28・2時間構成)

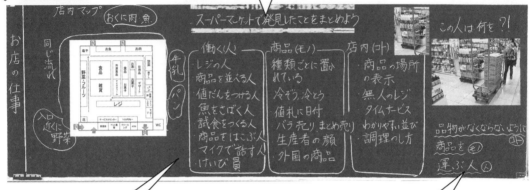

❶深い学びを生む学習問題
❷対話的な学びを生む協働
❸次時へ見通しをもつ主体的な学び

アクティブ・ラーニング的学習展開

❶ 深い学びを生む学習問題（かかわる）
発問：トマトはどこにあったか？

スーパーマーケットの見学が終了したら，見学したことをまとめていく。まずは，見学した店の商品の配列を確認していくとよい。例えば，「トマトはどこにあったかな？」と問い，店内図に位置付けていく。商品陳列が完成したら以下のことに気付かせたい。

・店内の周りにおかずになるものが配置されている。
・お客さんは周りの通路に多くいた。
・野菜からスタートするようになっている。

> ICT…合成や同時編集ができるソフトをつかうことで効率的に作業できる。

ほとんどのスーパーマーケットでは，野菜から配置し，店の奥に肉・魚があって，最後に「日配品（日持ちしないもの）」が置かれている。これは，野菜が旬なものが多く，季節を表現できたり，主力商品の肉・魚や買い足す可能性が高い牛乳や卵を奥に置くことでスーパーマーケット全体を見てもらいたいという意図があるからだ。子供たちが気付くことは難しいが，質問などをして配置の意味を理解させたい。そこから，<u>店の売り方の工夫に問いをもたせ</u>，発見したことをまとめていく。

本時のねらい

【知識及び技能】 スーパーマーケットの見学を通して，店内の陳列や働いている人や商品の工夫についてまとめることができる。

【思考力，判断力，表現力等】 スーパーマーケットの工夫にはどんな理由があるか，消費者の視点で考えることができる。

❷ 対話的な学びを生む協働（つながる）

発問：スーパーマーケットで発見したことをまとめよう。

発見したことを発表し合い，その理由を問いながら工夫に気付かせていきたい。

働く人（人）	商　品（モノ）	店　内（コト）
・レジの人 ・商品を並べている人 ・値段をつけている人 ・魚をさばいている人 ・試食を作っている人 ・商品を運ぶ人 ・マイクで話す人 ・警備員さん	・種類ごとに置かれている ・冷蔵や冷凍した棚 ・値札に日付がある ・バラ売りやまとめ売りがある ・生産者の顔が表示されている ・外国の商品もある	・商品の品物がわかりやすく表示されている ・人がいないレジがある ・タイムサービスのアナウンスがある ・商品がわかりやすく並んでいる ・調理方法が表示されている
○バーコードでレジがスムーズ ○裏で切ったりさばいたりして新鮮なものを売り場に出す	○たくさんの種類があって比較ができる ○安心して商品が買える ○外国のものも味わえる	○表示があれば迷わない ○安売りがあって嬉しい ○調理方法があると料理に迷わない

調べたことから，スーパーマーケットはお客さんが便利に買い物ができるように工夫をして，利益をあげる努力をしていることを理解させたい。

❸ 次時へ見通しをもつ主体的な学び（創り出す）

発問：写真の人はどんな工夫をしているのか？

右は品物を売り場に出す店員の写真である。お客さんのためにという視点から，問いの理由を考えていくようにする。

評　価　評価は以下の場面で考えられる

・②の協働場面での評価…調査した結果を表にまとめることができているか。
・③の場面での評価

【模範解答例】 品物が売り切れにならないように常に商品を補充している。／お客さんで混む時間を考えて，新鮮な商品を売り場に出すようにしている。／目玉商品を特別コーナーに目立つように並べている。

3 ［お店の仕事］

5　お店の奥ではどんな仕事があるのかな？

(学習課題No.29・1時間構成)

板書

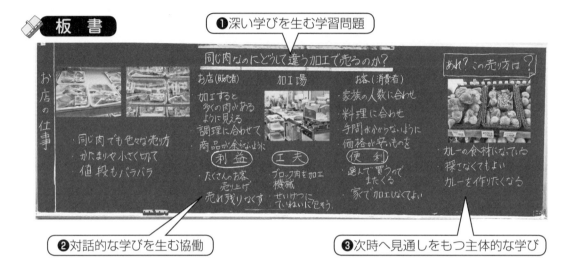

❶深い学びを生む学習問題

❷対話的な学びを生む協働

❸次時へ見通しをもつ主体的な学び

アクティブ・ラーニング的学習展開

❶ 深い学びを生む学習問題（かかわる）
　　発問：肉の切り方が違う理由は？

> ICT…売り方の違う商品の写真を提示し、どこが違うのかを見つけるようにする。

　スーパーマーケットでは様々な肉や魚が，様々な売られ方をしている。そこで，まず肉売り場の商品を提示し，子供たちに以下のことに気付かせたい。

・同じ肉でもいろいろな売り方がある。
・塊だったり小さく切っていたりしている。
・値段もバラバラ。
・こんなにたくさんの肉がどこから来ているのか。

　スーパーマーケットでは肉は加工されて売られている。商品の提示から，肉がお店で加工されていることに気付かせ，<u>どうして，店でいろいろな形に加工して売っているのか？</u>といった問いを生ませ，学習問題として考えさせたい。

本時のねらい

【知識及び技能】スーパーマーケットでは店の奥で仕事をしている人がおり，お客さんのニーズに合わせて工夫した売り方をしていることを理解することができる。

【思考力，判断力，表現力等】スーパーマーケットの工夫にはどんな理由があるか，消費者の視点で考えることができる。

❷ 対話的な学びを生む協働（つながる）

発問：同じ肉がどうして様々な加工がされて売られているのか？

そこで，スーパーマーケットの店の奥にある肉の加工場の写真を提示して，お店側としての立場とお客さん側としての立場で多角的に考えるようにしたい。

お店（販売者）	加工場	お客（消費者）
・加工することで，多くの種類の肉があるように見える ・調理に合わせて切っている ・商品が余らないように		・家族の人数に合わせて選ぶ ・料理に合わせて選ぶ ・手間がかからず買いたくなる ・価格が安く嬉しい
利益	工夫	便利
○多くのお客さんに買ってもらい売り上げをあげたい ○売れ残りをなくす	○ブロック肉を店奥で加工 ○機械をつかっている ○衛生面に気を配る ○ていねいに包装	○選んで買うことができるのでまた来る ○家で加工する手間が省ける

このように，スーパーマーケットの奥で働く人たちの工夫に気付き，お客さんのニーズに応えることで利益につなげていることを理解させたい。

❸ 次時へ見通しをもつ主体的な学び（創り出す）

発問：野菜のコーナーにカレーのルーが置かれている理由を考えよう。

右は関連陳列である。お客さんのためにという視点から，問いの理由を考えていくようにする。

 評価は以下の場面で考えられる

・②の協働場面での評価…調査した結果を多角的に考え，まとめることができているか。
・③の場面での評価

【模範解答例】じゃがいもやにんじん，玉ねぎなどはカレーの食材になるので，カレーライスを作ろうとするお客さんには便利。／夕食を決めていないお客さんは，カレーライスにしようと思って買ってくれるから。

3 ［お店の仕事］

6　品物はどこから来るのか？①

（学習課題No.30・1時間構成）

板　書

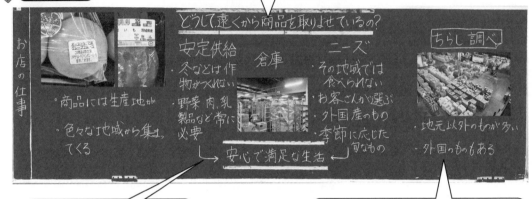

❶深い学びを生む学習問題

❷対話的な学びを生む協働

❸次時へ見通しをもつ主体的な学び

アクティブ・ラーニング的学習展開

❶　深い学びを生む学習問題（かかわる）

発問：県外からも品物が？

スーパーマーケットで売られている品物を提示し気が付いたことを話させる。以下のようなことに気付かせたい。

・さつまいもは茨城県で作られたもののようだ。
・グレープフルーツはオーストラリアと書かれている。
・県内だけでなく県外からも、または国外からも商品が届いている。

地域のスーパーマーケットでも多くの商品が、スーパーマーケットには集まっている。しかも種類は1万種類とも言われている。これらの事実を子供たちに提示し、<u>どうしてスーパーマーケットには遠い地方から商品がやってくるのか？</u>といった問いを見いだし、学習問題として設定する。

本時のねらい

【知識及び技能】 地元以外の多くの地域から商品が集まっていることに気付き，住民のニーズや安定供給のためにスーパーマーケットが工夫していることを理解することができる。

❷ 対話的な学びを生む協働（つながる）

発問：どうして，遠くの地域から商品を取り寄せているのか？

子供たちは，遠い地方から商品を取り寄せるのはとても大変なことであると感じるはずである。その理由を多面的に考えるようにする。

安定供給	倉庫	ニーズ
・冬などは北海道では作物が作れないので，他の地域の野菜を準備しなければならない ・野菜や肉，乳製品など常に必要なものは遠くのものでも準備しなければならない		・その地域では食べることができないもの ・お客さんがいろいろなものを選択できる ・外国産のものは安く売ることができる ・季節に応じた旬を売ることができる

店長さんにインタビューさせてもらい，録画をして子供たちに話してもらうなどの活動も考えられる。お客さんのニーズに合わせて品物を揃えているだけでなく，地域の住民がいつも安定して商品を買うことができるように努力していることにも気付かせていく。

❸ 次時へ見通しをもつ主体的な学び（創り出す）

発問：チラシを調べて，どの地方から商品が集まっているか調べてみよう。

新聞紙の折込チラシには毎日多くのチラシがついてくる。それらには産地も書かれているので，白地図に場所を記したり，地図帳をつかって場所を確かめ，生産品を確認するなどの活動が考えられる。

ICT…最近ではチラシがHPでも公開されているのでそちらを活用してもよい。

評価 評価は以下の場面で考えられる

・②の協働場面での評価…学習問題に対して多面的な考えをもつことができているか。

・③の場面での評価

【模範解答例】 野菜や果物，魚など地元以外の地域から多くの商品が売られていることに気付く。／地図帳で産地の生産品を確認し，各地域の特色にも気付くことができる。

3 ［お店の仕事］

7　多くのお客さんが来る理由は？

（学習課題№31・1時間構成）

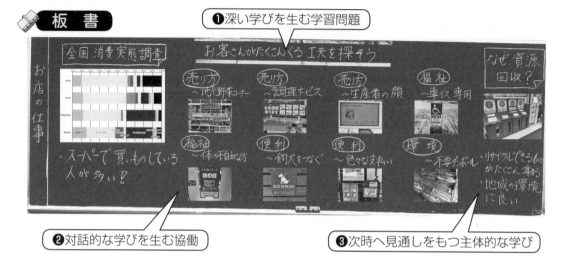

❶深い学びを生む学習問題
❷対話的な学びを生む協働
❸次時へ見通しをもつ主体的な学び

アクティブ・ラーニング的学習展開

❶ 深い学びを生む学習問題（かかわる）
　発問：お客さんがたくさん来る理由を考えよう。

ICT…グラフをアニメーションで表示する。

　下図は総務省における「全国消費実態調査」（H26）の統計から作成した「二人以上世帯の品目別購入先の1ヶ月支出の割合」である。これを見ると，「食料品」「飲料品」「家事用消耗品」「理美容品」といった日用品に関しての購入先の割合の半分がスーパーマーケットであることがわかる。ここから，なぜスーパーマーケットにはたくさんのお客さんが行くのかを考えてみる。

　・調べてきたようにスーパーはお客さんのために工夫をしている。
　・商品の工夫
　・売り方の工夫

など既習事項が出てくるであろう。そこで，他にもお客さんが来る秘密はあるのだろうか？という問いをもち，商品，売り方の工夫以外の点に注目して学習問題に取り組む。

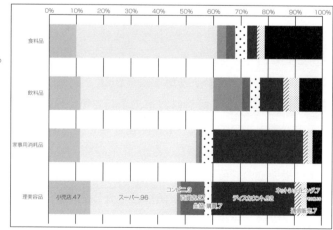

 本時のねらい

【知識及び技能】人がたくさん集まる理由をこれまでの売り方や商品の工夫以外からも見つけ、整理し、福祉や環境面でも工夫していることを理解することができる。

❷ 対話的な学びを生む協働（つながる）

発問：お客さんがたくさん来る他の工夫を探そう。

これまで学んできた売り方や商品の工夫以外にもスーパーマーケットの工夫がないかを調べてまとめるようにする。

見つけたことを整理し、理由を考えていくと、福祉的な側面や環境的な側面が見え、売り上げだけではなく地域に貢献するスーパーマーケットの姿が見えてくる。

❸ 次時へ見通しをもつ主体的な学び（創り出す）

発問：なぜ、スーパーマーケットでは資源回収を行っているのか？

環境面から、地域貢献するスーパーの姿に気付くようにしたい。

評価　評価は以下の場面で考えられる

・❷の協働場面での評価…調べたスーパーマーケットの工夫を整理することができているか。
・❸の場面での評価

【模範解答例】人がたくさん来るスーパーマーケットに資源回収箱を置くことでリサイクルできるものがたくさん集まり、環境保全に貢献できる。

3 ［お店の仕事］

8　お店の仕事をまとめよう

(学習課題No.32・1時間構成)

💡 本時のねらい

【知識及び技能】スーパーマーケットを見学して，前時までに深めていた問いについて調査し，必要な情報を集め新聞で表現することができる。

　学習のまとめでは，スーパーマーケットで調べたことを新聞にまとめるようにする。「学級の仲間に伝える」など目的意識をもって取り組ませたい。新聞作成が初めてである場合もあるため「トップ記事」「見出し」「段組」「あとがき」など基本的な新聞用語を伝え，記事を書けるようにさせたい。

アクティブ・ラーニング的記事作成

社会的な見方・考え方

学習のまとめ方〜スーパーマーケット見学の場合

【空間的な見方・考え方】
・商品の仕入先がどこなのか，チラシや地図帳などで調べ，県外や国外の産地をまとめることができている。

【時間的な見方・考え方】
・スーパーマーケットが混む時間帯や曜日などについて調べ，その理由を考えることができる。

【相互関係に着目】
・スーパーマーケットには商品を売ったり，お客さんを集めるためにどのような工夫や努力があるのかを理解している。
・スーパーマーケットとわたしたちの暮らしにはどのようなつながりがあるのか考えることができる。
　このような視点で学習をまとめ，自分なりの考察や構想を表現できるようにする。

【社会的事象を比較・分類・総合】
・スーパーマーケットをはじめ，様々な販売店は，市民の生活を支えている。

【生活と関連付けて考える】
・スーパーマーケットは「利益」だけではなく，地域のお客さんのニーズに応えたり，福祉や環境といった側面でも地域に貢献できるように努力していることを理解し表現することができる。

第　　号　　　　　　　　年　月　日（　曜日）　　　　　（　　）

スーパーマーケット新聞

発　行　者

スーパーでこんな工夫見つけたよ！

同じお肉でも売り方は色々！

外国からも商品が！

お客さんのために！

あとがき

4 ［消防の仕事］
1　火事が起きたらどうする？

(学習課題No.33・1時間構成)

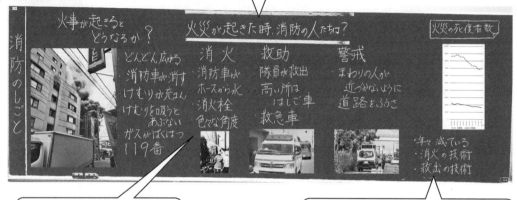

❶深い学びを生む学習問題
❷対話的な学びを生む協働
❸次時へ見通しをもつ主体的な学び

アクティブ・ラーニング的学習展開

❶　深い学びを生む学習問題（かかわる）
発問：火事が起きるとどうなるか？

ICT…火災現場の写真を提示し、どのようなことが起きるか想像させる。

　火災を体験したことがある子供は多くないであろう（もし、いる場合は十分に配慮が必要）。そこで、まず火災の写真を提示し、火事が起きるとどんなことが起きるのかを、ニュースなどの生活経験の中から考えるようにする。

・火事はどんどん広がっていく。
・消防車が火を消す。
・煙が充満して、息ができなくなる。
・煙を吸い込むと意識を失う。
・ガスとかが爆発することもある。
・119番をしなければいけない。

　そこで、<u>火事が発生した時にかけつける消防の人々はいったいどんなことをするのか？</u>を考え、学習問題として設定する。その際、教科書のイラストなども参考にしたい。

火災についての状況を想像し，消火のために，消防や警察がどのように動くかを想像することができる。また，死傷者数のグラフから，消火や救出の工夫や努力について調べる計画を立てる。

❷ 対話的な学びを生む協働（つながる）

発問：火災が起きた時，消防の人たちは何をするのか？

生活経験などから想像し，視点を見つけていくようにする。

消　火	救　助	警　戒
・消防車がホースから水を出して消火する ・消火栓にホースをつないでいる ・いろいろな角度から放水する	・消防士が救出する ・高いところははしご車で救出する ・救急車が来ていて，けがした人を病院へ送る	・周りの人たちが近づかないように警察が警備活動をしている ・道路を封鎖して交通規制をする

このように火災の時に活躍する人たちが消防士や警察官であることを明らかにする。その上で，どのような働きを行っているかを協働的に話し合い，三つの視点で整理していくとよい。

❸ 次時へ見通しをもつ主体的な学び（創り出す）

発問：右のグラフを見て学習の計画を立てよう。

右のグラフは消防庁による火災の死傷者数の集計である。消防の努力を感じ取り学習意欲を引き出したい。

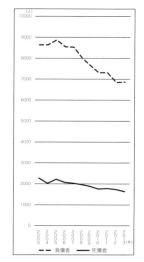

評　価　評価は以下の場面で考えられる

・❷の協働場面での評価…多面的に考えることができているか。

・❸の場面での評価

【模範解答例】死傷者が年々減っているのは消火や救出の技術が上がっているからだと思う。どのように消火や救出をするか調べてみたい。／消火の仕方について調べてみたい。

4 ［消防の仕事］

2　119番に電話をかけるとどうなるの？

(学習課題No.34・1時間構成)

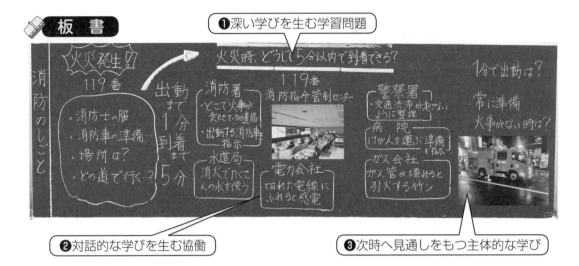

❶深い学びを生む学習問題
❷対話的な学びを生む協働
❸次時へ見通しをもつ主体的な学び

アクティブ・ラーニング的学習展開

❶ 深い学びを生む学習問題（かかわる）
発問：119番にかけてから，どれくらい？

> ICT…消防局のHPにある出動情報を確認し，常に出動している事実を実感させる。

　火災が発生した時は，119番に電話をすることになっている。では，消防車は実際にはどれくらいの早さで現場に到着するのかを考えさせたい。ただ闇雲に考えさせずに，どのような準備をして出動するかを子供たちに想定させたい。

・消防士専用の服を着る時間もある。
・消防車の準備もしないといけない。
・どこで火災が発生しているか確認も必要。
・どの道で行くかも決めなければ。

　このように考えていくと，出発するまでに5分はかかり，現場到着までは10分はかかるのではと子供たちは考えるであろう。自分たちが学校に出るまでの時間を考えさせてもよい。そこで，実際の時間を子供たちに伝える。そこから，<u>火災の通報を受けてから現場までどうして5分で行くことができるのか？</u>という問いを見いだし，学習問題として設定する。

出動まで1分
到着まで5分以内

64

本時のねらい

【知識及び技能】119番通報から，消防指令センターではどのような連絡を各方面にしているかを調べ，理解することができる。

【主体的に学習に取り組む態度】消防士が1分で出動準備する秘密を調べる計画を立てる。

❷ 対話的な学びを生む協働（つながる）

発問：火災が起きた時，どうして5分以内で到着することができるのか？

消防指令管制センターの写真を提示し，写真にうつる人たちが何を見ているのか考えさせてから，調べ活動に入りたい。

消防署	119番	警察署
・どこで火事が起きているか連絡 ・火事の大きさに合わせ出動する消防車を判断	消防指令管制センター （札幌市HPより）	・交通渋滞が起きないように車と人の整理を要請
		病院
		・けが人を運ぶ準備を要請

水道局	電力会社	ガス会社
・消火の際にたくさん水が出せるように水をたくさん送ってもらう	・切れた電線で消防士が感電しないように電気を止める	・道路のガス管が壊れてしまうとガスが漏れ引火して危険なので連絡

119番を受けるのは消防指令センターである。センターは24時間，365日体制で活動している。現在のセンターは，消防指令システムというコンピュータが活用され瞬時に場所を特定し，火災の規模に合わせて消防車の種類や，どの消防署から出動させるのかを判断している。

❸ 次時へ見通しをもつ主体的な学び（創り出す）

発問：連絡を受けた消防士が1分で出動できるのはどうしてか？

次の時間の消防署での見学につなげるために，消防署への問いを深めておきたい。出動要請を受けてから，出動まで1分という時間で準備をする消防士の動きを伝えてその理由を想像させたい。

評価　評価は以下の場面で考えられる

・❷の協働場面での評価…調べた情報を整理してまとめることができているか。
・❸の場面での評価

【模範解答例】1分で準備ができるということは，消防士は常に準備をしていると思うのでどんな準備をしているか調べたい。／火災がない時はどんなことをしているのかを調べてみたい。／消火の仕方について調べてみたい。

4 ［消防の仕事］

3　消防署を見学しよう

(学習課題No.35～36・2時間構成)

本時のねらい

【知識及び技能】消防署を取材して，前時までに深めていた問いについて調査し，必要な情報を直接的かつ間接的に集めることができる。

ここでは2時間分の社会見学の時数を確保する。社会見学ではしっかりと目的意識をもち見学に臨むことが重要である。何を見るか，何を聞くかといった視点をもたなければ，「必要な情報を集める技能」が育たない。視点は単元全体の学習問題ではまだ弱く，具体的に問いをもたせることが効果的な社会見学につながる。

アクティブ・ラーニング的社会見学

社会的な見方・考え方

問いのもち方～消防署見学の場合

【空間的な見方・考え方】
・この消防署ではどの地域まで行って消火活動を行うのか。

【時間的な見方・考え方】
・準備にどれくらいかかるのか。　・現場到着までどのくらいかかるのか。
・消火にどれくらいかかるのか。　・勤務時間はどれくらいなのか。

【相互関係に着目】
・消防士の人は消防の準備のためにどんな工夫や努力をしているのか。
・消防士は消防指令センターや地域の人とどのような協力をしているのか。

このような視点で問いをもち，取材のためのメモを準備しておくようにする。さらに，取材した後には，次の方法で，考察や構想をしていくことが求められる。

【社会的事象を比較・分類・総合】
・消防署によって，地域に合った消防車が配備され，地域に合った訓練をしている。

【生活と関連付けて考える】
・どんな原因で火災が発生するのか。
・地域の人たちは火災にならないように協力できることがあるのか。

見学中は，短い言葉で，箇条書きでまとめるように練習することも必要である。また書くことに夢中になりがちなので，見る事，聞く事8割，書くのは2割で見学できるように指導する。

取材カード	名前
着目点①どこまで火を消しにいくのか？	着目点②準備にどれくらいかかるのか？
着目点③勤務時間はどれくらいか？	着目点④消火のためにどのような人と協力しているのか？
その他（驚いたこと，工夫している点など）	

2章　主体的・対話的で深い学びを実現する！社会科授業づくりの教科書　板書＆展開プラン

4 ［消防の仕事］
4　消防署にはどんな秘密があった？

(学習課題No.37・1時間構成)

板書

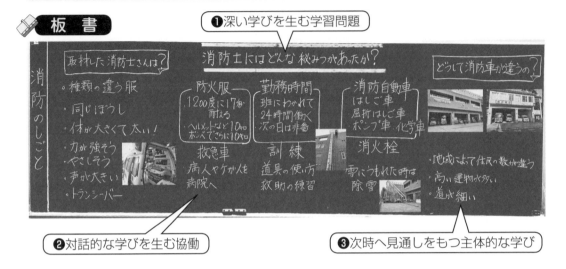

❶深い学びを生む学習問題
❷対話的な学びを生む協働
❸次時へ見通しをもつ主体的な学び

アクティブ・ラーニング的学習展開

❶ 深い学びを生む学習問題（かかわる）
発問：取材した消防士はどんな人だったか？

ICT…見学の際に撮影した写真を提示するようにする。

見学後は調べたことをまとめて知識として整理したい。
まずは，実際に見学の際に答えてくれた消防士の方々を思い出すようにしたい。

- 種類の違うユニフォームを着ていた…紺色が消防隊，オレンジが救助隊，グレーが救急隊
- みんな同じ帽子をかぶっていた。
- 体が太くて，力が強そう。　・優しい。
- 声が大きくて，ハキハキ喋ってくれた。
- 返事やあいさつの声が大きい。
- 肩にトランシーバーをつけていた。
- 消防車のことに詳しかった。

ここでは，消防車の種類など，モノに注目して調べる子が多くなるが，消防士の様子を思い返すことで，消防士の人となりを振り返るようにすることが大切である。
そこで，優しく質問に答えてくれた<u>消防士の方が，普段はどんな仕事をしているのか？</u>を問いとして見いだし学習問題を設定する。

本時のねらい

【知識及び技能】消防署の見学を通して，消防署が日頃から地域の安全を守るために準備し，緊急時に対処できる体制をとっていることを理解することができる。

【思考力，判断力，表現力等】消防訓練や道具の点検などが緊急時の対処につながる意味を表現することができる。

❷ 対話的な学びを生む協働（つながる）

発問：消防士にはどんな秘密があったかまとめよう。

調べてきたことを下記の視点でまとめていく。

防火服	勤務時間	消防自動車
・1,200度の火に約17秒間耐えることができる ・ヘルメットをつけて10キロ，さらにボンベで10キロにもなる	・班に分かれて勤務 ・勤務の日は24時間働いて，翌日は非番 ・非番は緊急の時は働く ・他に休みもある	・はしご車 ・屈折はしご車 ・ポンプ車　・救助車 ・指揮車　・化学車
救急車	訓練	消火栓
・病気やけがをした人を処置して病院へ搬送する	・車や道具の整備や救助の訓練をしている ・高いところへ素早く登る	・消火用の水を水道管から取り出す栓。雪に埋もれた消火栓を掘り出す

取材をすることで，消防士が日頃から準備をし，緊急時に対処する体制をとっていることを理解させたい。

❸ 次時へ見通しをもつ主体的な学び（創り出す）

発問：消防署によって消防車が違うのはどうしてか？

保有する消防車の違いから，消防署が地域に密着した施設であり，地域の安全を守っていることに気付かせたい。

評価　評価は以下の場面で考えられる

・❷の協働場面での評価…調べた情報を整理できているか。

・❸の場面での評価

【模範解答例】地域によって住民の数が違ったり，高い建物が多かったり，道が細かったりするので適した消防車を活用している。

4 ［消防の仕事］
5　消防団って消防士？

（学習課題No.38・1時間構成）

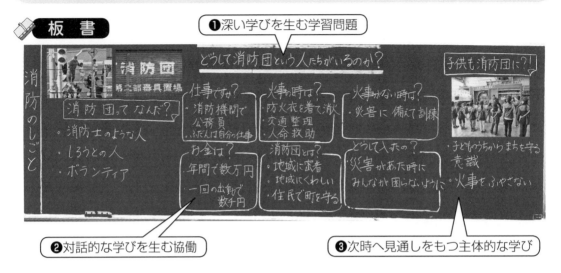

❶深い学びを生む学習問題

❷対話的な学びを生む協働

❸次時へ見通しをもつ主体的な学び

アクティブ・ラーニング的学習展開

❶ 深い学びを生む学習問題（かかわる）
発問：消防団とはなんだろう？

ICT…地域の消防団員の方に協力をお願いし，インタビューなどを提示するとよい。

　右の写真は，火災現場のものである。よく見ると消防服を着ていない関係者がいるのがわかる。この人物は「消防団員」である。消防団とは消防署と同じ消防機関であり，消防署と協力して火事の消火や人命救助を行う人たちである。消防団員は地域に住む非常勤の特別な地方公務員であり，普段は各自本来の仕事をしている。子供たちにとっては火災の際は消防士が活躍すると思っている子がほとんどだと思うが，消防団員を提示することで，その人たちがどんな人なのかに関心をもたせたい。そこで，<u>消防士がいるのに，どうして消防団という人たちが存在するのか？</u>という問いをもたせ，実際に地域の消防団の方をお招きしインタビューなどの活動を行うようにするとよい。

本時のねらい

【知識及び技能】 消防団員への取材を通して，消防団の普段の活動や，火災時の仕事などを聞き取り，整理することができる。

【思考力，判断力，表現力等】 消防団員が地域に密着して活動していることから，自助，共助の視点で考えることができる。

❷ 対話的な学びを生む協働（つながる）

発問：どうして消防団という人たちがいるのか？

実際に消防団員をお招きしインタビューをする。

仕事なのか？	火事の時は何を？	火事がない時は何を？
・消防士さんと同じように消防機関であり，公務員です ・普段は自分の仕事をしています	・防火衣を着て消火活動をします ・交通整理もします ・人命救助もします	・災害に備えて，訓練をしています

お金はもらえるのか？	消防団の意味は？	どうして入ったのか？
・年間で数万円の報酬がもらえます ・一回の出動で数千円の手当も出ます	・消防団は地域に密着した組織なので，災害の時に地域の細かい情報を活用できる ・住民で町を守る考え方が大切	・災害があった時に，みんなが困らないように日頃から準備しておくことが大事だと思っています

　実際に消防団員に話を聞くことで，住民として災害から町を守ろうとしていることに気付かせ，地域の住民も協力して防災活動に取り組んでいることを理解する。

❸ 次時へ見通しをもつ主体的な学び（創り出す）

発問：子供も消防団に？

　住民の参加のことを理解したところで，子供が防災活動に参加している写真を提示する。子供が参加することにどんな意味があるのかを考えさせたい。

評価　評価は以下の場面で考えられる

・②の協働場面での評価…取材した情報を整理できているか。
・③の場面での評価

【模範解答例】 子供が参加することで大人の意識も高まるし，子供のうちから町を守ろうとする気持ちが育っていくからだと思う。

4 ［消防の仕事］

6　消防の仕事をまとめよう

(学習課題No.39・１時間構成)

本時のねらい

【知識及び技能】消防署を見学して，前時までに深めていた問いについて調査し，必要な情報を集め新聞で表現することができる。

　学習のまとめでは，消防署や消防団の方々を取材したことを新聞にまとめるようにする。「学級の仲間に伝える」など目的意識をもって取り組ませたい。新聞作成が初めてである場合もあるため「トップ記事」「見出し」「段組」「あとがき」など基本的な新聞用語を伝え，記事を書けるようにさせたい。

アクティブ・ラーニング的記事作成

社会的な見方・考え方

学習のまとめ方～消防署見学の場合

【空間的な見方・考え方】
・どこまでの地域の火事を消しに行くのか？　火事を消火する時は，どのように消防車を配置するのかを調べ，まとめることができている。

【時間的な見方・考え方】
・119番をかけてから現場到着まで，どれくらいの時間がかかり，その間にどんなことをするのか？　消防署の人たちは１日にどんな仕事をするのかをまとめることができる。

【相互関係に着目】
・消防署の人たちは火災を防ぐためにどのような工夫や努力をしているのか考えることができる。
・消防署と消防団が協力して地域の防災に取り組んでいることを理解している。
　このような視点で学習をまとめ，自分なりの考察や構想を表現できるようにする。

【社会的事象を比較・分類・総合】
・地域によって消防署の役割があり，消防車の種類が違っている。

【生活と関連付けて考える】
・地域の安全は，関係機関の未然防止と緊急対策によって守られている。

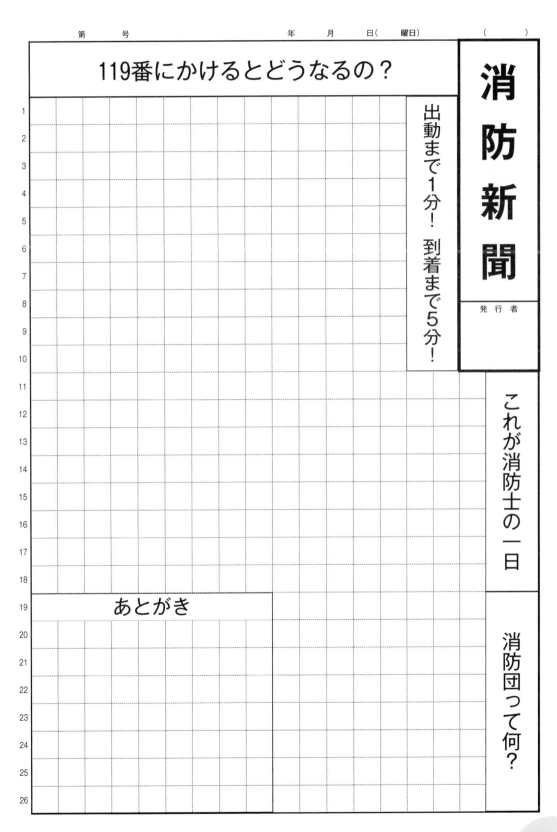

5 [警察の仕事]

1　事故や事件が起きたらどうする？

(学習課題No.40・1時間構成)

❶深い学びを生む学習問題
❷対話的な学びを生む協働
❸次時へ見通しをもつ主体的な学び

アクティブ・ラーニング的学習展開

❶ 深い学びを生む学習問題（かかわる）
　　発問：事故が起きたらどうなる？

ICT…110番の正しいかけ方の動画を提示する。

　右は交通事故の写真である。このような事故が起きた時は，どんなことが起こるのかを，ニュースなどの生活経験の中から考えるようにする。

・自動車が壊れて動かなくなる。
・けが人や死亡者が出る時もある。
・道路が通行止めになり，渋滞が起こる。
・事故車両をどけなくてはいけない。
・けが人を病院に運ぶ。
・事故の原因を突き止めなくてはいけない。

　写真から読み取れることとして，事故の際には警察官が現れて，事故について調べている様子がわかる。ここから，上記の予想も含め，<u>事故や事件が発生した時にかけつける警察官はいったいどんなことをするのか？</u>を考え，学習問題として設定する。その際，教科書のイラストなども参考にしたい。

本時のねらい

【知識及び技能】事故や事件についての状況を想像し、警察がどのように動くかを調べ、まとめることができる。

【思考力，判断力，表現力等】110番通報では何を伝えるようにするか考えて，表現することができる。

❷ 対話的な学びを生む協働（つながる）

発問：事故や事件が起きた時，警察官は何をするのか？

110番通報からどのように連絡が届くのかを調べる。

交通事故・窃盗・傷害事件など→110番通報→<u>通信指令室</u>

捜　査	救　助	警戒・処理
・事故がなぜ起きたのかを調べる ・現場の状況を細かく調べる ・目撃者などがいないか聞き込みをする	・救急隊を要請して，事故で車から出られない人を救出する ・救急隊を要請して，けがした人を病院へ送る	・周りの人たちが近づかないように警察が警備活動をする ・道路を封鎖して交通規制をする

　このように事件や事故の時に活躍する人たちが警察官や消防士（救急隊）であることを明らかにする。中でも警察は普段どのような仕事をしているのかを協働的に話し合い，上記の視点で調べるようにする。

❸ 次時へ見通しをもつ主体的な学び（創り出す）

発問：110番にかけて話す練習をしてみよう。

　事故を目撃した時や，事故に遭遇した時にどんなことを伝えればよいか，警察官の仕事をもとに話す練習をする。

評価　評価は以下の場面で考えられる

・②の協働場面での評価…多面的に考えることができているか。
・③の場面での評価

【模範解答例】自分の名前，住所，何が起きたか，犯人の特徴を具体的に言う。／車のナンバーや犯人の服なども伝えられたらよい。／目印になる建物を伝えるとよい。／犯人の身長などは何かと比べて話すようにする。

5 [警察の仕事]

2 なぜ，事故や事件が減っているの？

(学習課題No.41〜42・2時間構成)

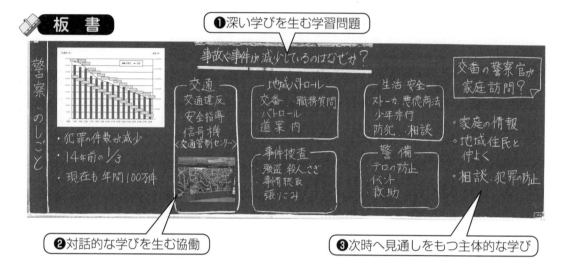

❶深い学びを生む学習問題
❷対話的な学びを生む協働
❸次時へ見通しをもつ主体的な学び

アクティブ・ラーニング的学習展開

❶ 深い学びを生む学習問題（かかわる）
発問：グラフからわかることは？

ICT…グラフをマスキングして提示する。

右は札幌市の刑法犯認知件数と全国認知件数の推移である。このグラフを提示する。子供たちに以下のことを気付かせたい。

・犯罪の件数がどんどん減っている。
・全国と同じように減少している。
・平成28年は平成14年に比べて約3分の1になっている。
・現在も年間約100万件の事件が起きている。

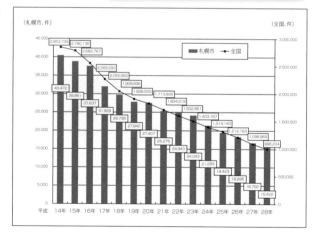

毎日のように流れる事件のニュースの影響もあり，子供たちは犯罪は毎年増えていると予想するであろう。しかし実際には減少している。またこれは交通事故も同じ傾向にある。そこで，なぜ，事故や事件が減少しているのか？という問いを見いだし学習問題を設定する。

本時のねらい

【知識及び技能】年々，犯罪が減少していることから問いを見いだし，警察官がどのような仕事をしているか調べ，まとめることができる。

【思考力，判断力，表現力等】警察官が日頃の活動によって事故や事件の防止に努めていることに気付く。

❷ 対話的な学びを生む協働（つながる）

発問：事故や事件が減少している裏にはどんな秘密があるのだろう？

地域の交番の巡査に取材をしたり，本庁に社会見学するなどし，調べるとよい。

交　通	地域パトロール	生活・安全
・交通違反の取り締まり ・交通安全指導 ・白バイでの取り締まり ・交通規制 ・交通事故捜査 ・信号機の調整	・交番勤務で地域に密着 ・地域パトロール ・道案内 ・職務質問	・ストーカー，悪徳商法，少年非行など生活に身近な犯罪の防止 ・家庭への防犯活動 ・学校での講習 ・市民からの相談
交通管制センター	事件捜査	警　備
	・強盗，殺人，盗難，詐欺，薬物の取り締まり ・事情聴取，聞き込み ・張り込み，尾行	・テロなどを防ぐために駅や空港などを警備 ・お祭りやイベントの警備 ・災害時の救助活動

警察官の仕事の調べ活動を通して，警察官が日頃から事故や事件を防ぐために，様々な予防活動に努めていることを理解させたい。

❸ 次時へ見通しをもつ主体的な学び（創り出す）

発問：交番の警察官が家庭訪問をするのはなぜ？

交番の警察官は，受け持ちの家庭を訪問し，勤務先や家族構成，連絡先などを聞きとる活動をしている（巡回連絡）。同時に，地域の犯罪・事故の発生状況の説明や予防のアドバイスを行っている。

評　価　評価は以下の場面で考えられる

・②の協働場面での評価…多面的に調べ，まとめることができているか。
・③の場面での評価

【模範解答例】警察官が家庭の情報を知ることで，災害などがあった時に誰がいないか，どこに行っているのかなど把握することができる。／巡回連絡をしながら，地域の住民との関係をよくする。／相談などを聞き，犯罪などを防止する。

5 ［警察の仕事］

3　警察以外の人たちも町の安全を守っている？

(学習課題№43～44・2時間構成)

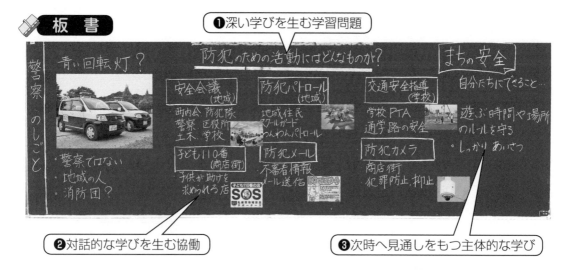

❶深い学びを生む学習問題
❷対話的な学びを生む協働
❸次時へ見通しをもつ主体的な学び

アクティブ・ラーニング的学習展開

❶ 深い学びを生む学習問題（かかわる）
発問：青い回転灯のパトカーは何？

ICT…車をルーズで提示し，その後，青色の回転灯をズームインする。

　右の写真を子供たちに提示する。一見パトカーに見えるがよく見ると青い回転灯をつけており，警察署のマークがない。そこで子供たちにこの車はどんなことに使用されるのかを問う。

・警察ではないけれどパトロールをする車。
・車に「防犯パトロール」と書いてある。
・地域の人たちが運転している。
・消防団と同じように地域の住人が行う活動。

　この写真は「青色防犯パトロール」のものである。2004年から地域の自主防犯ボランティアの自動車に装備できるようになった。警察だけでなく，地域の防犯ボランティアが住民の安全を守っていることに気付くはずである。他にどのような地域の防犯活動があるか？を学習問題として調べるようにする。

本時のねらい

【知識及び技能】地域が安全のために取り組んでいる様々な取り組みを調べ，様々な立場な人が関係し合って安全が成り立っていることを理解することができる。

【主体的に学習に取り組む態度】町の安全のために自分たちができることを考えることができる。

❷ 対話的な学びを生む協働（つながる）

発問：防犯のための活動にはどのようなものがあるのか？

実際に地域の防犯組織の人に取材できるようにするとよい。

安全会議（地域）	防犯パトロール（地域）	交通安全指導（学校）
・学校を中心に町内会，防犯隊，警察，区役所，土木事務所の方が集まり学区の安全について会議	・地域住民が中心となって町内をパトロール ・スクールガードやわんわんパトロールなど	・学校PTAを中心に保護者が通学路に立ち，児童の登校を見守る
子ども110番の店（商店街）	防犯メール（警察）	防犯カメラ（地域）
・いざという時に子供が助けを求めることができる店。他に家や駅などもある	・不審者や事故，犯罪などの情報を，登録した住民にすぐにメール送信する	・自治体や商店街などが防犯や犯罪抑止のために設置している

調べたことを通して，地域の安全を学校や町内会，警察署や市役所，会社や店などが協力し合って守っていることを理解させたい。

❸ 次時へ見通しをもつ主体的な学び（創り出す）

発問：町の安全を守るために自分たちにできることはないか？

自分たちが多くの大人に守られていることに気付いた子供たちが，自分たちへと視点を変えて町の安全について考えられるようにする。

評価　評価は以下の場面で考えられる

・❷の協働場面での評価…多面的に調べ，まとめることができているか。
・❸の場面での評価

【模範解答例】自分たちは守られる立場なので，遊ぶ場所や時間を守ることが大切だ。／パトロールしてくれている人に元気にあいさつをする。

5 [警察の仕事]

4　町の安全マップを作ろう

(学習課題No.45〜46・2時間構成)

本時のねらい

【思考力，判断力，表現力等】地域の安全な場所や危険な場所を取材し，整理しながら地図にしるし，安全マップを作ることができる。

　学習のまとめとして，「安全マップ制作」を行う。警察や地域の人たちが町の安全を守っていることを学んだ上で，自分たちにできることという視点で取り組ませたい。取材をした警察官や地域の人たちと話し合いながら進めていくとよい。

アクティブ・ラーニング的記事作成

社会的な見方や考え方

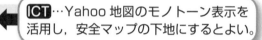ICT…Yahoo 地図のモノトーン表示を活用し，安全マップの下地にするとよい。

【空間的な見方・考え方】
・校区の安全な場所や危険な場所を調べ，地図に位置付けることができる。

【時間的な見方・考え方】
・校区の安全な場所の時間帯や危険な場所の時間帯を調べ，地図に位置付けることができる。

【相互関係に着目】
・地域の安全を守る人たちの取り組みを調べ，工夫や努力を位置付けることができる。
　このような視点で学習をまとめ，自分なりの考察や構想を表現できるようにする。

【社会的事象を比較・分類・総合】
・地域の人たちが，パトロールしている箇所や時間，安全のための施設をまとめ，地図に表すことができる。

【生活と関連付けて考える】
・校区の安全な箇所や危険な箇所，自分たちが日常生活で見つけた情報を，仲間と協力して地図に表すことができる。

評　価

　ここでは上記の見方や考え方でまとめているかどうかを「安全マップ」の内容から評価することが重要である。

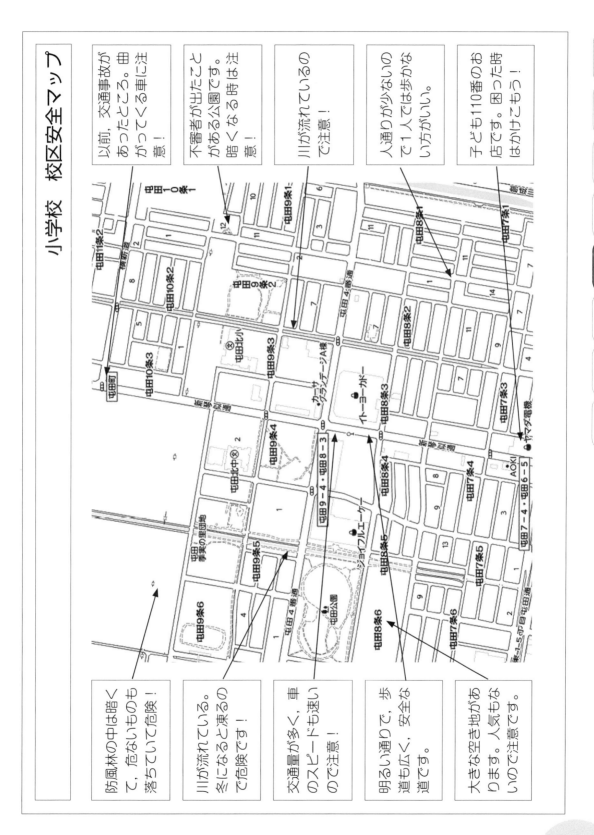

6 ［水のゆくえ］

1　水は足りなくならないの？

（学習課題No.47・1時間構成）

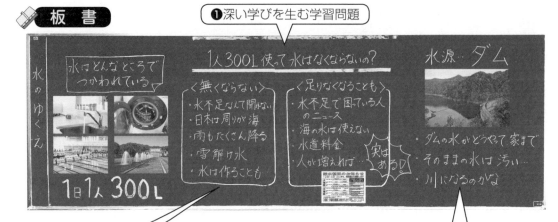

❶深い学びを生む学習問題
❷対話的な学びを生む協働
❸次時へ見通しをもつ主体的な学び

アクティブ・ラーニング的学習展開

❶ 深い学びを生む学習問題（かかわる）

発問：水はどんなところでつかわれている？

ICT…水がつかわれている場所を写真で提示する。

水は子供たちの生活にとって当たり前の存在である。まずはその水がどんなところでつかわれているのかをあらためて振り返る活動を行う。

飲料水	洗濯・お風呂など	プール	噴水

上記は水が活用されるいくつかの例であるが，生活の中で水が無尽蔵につかわれているイメージが子供たちにはある。しかも水は，飲料水としても生活用水としても重要なものであり，生きていく中で欠かすことのできないものであることを実感させたい。そこで，日本人が1日につかう平均水量を提示する。この数字から，これだけの水をつかっていて，水がなくなることはないのか？という学習問題を設定する。

1日1人約300リットル

 **本時のねらい**

【思考力，判断力，表現力等】生活の中でわたしたちが多くの水をつかっていることを知り，その水がなくなることがないのかについて自分なりの考えをもつことができる。

【主体的に学習に取り組む態度】水がわたしたちのところに届くことを調べる計画を立てる。

❷ 対話的な学びを生む協働（つながる）

発問：1人300リットルもつかって，水はなくならないのか？

なくならない	足りなくなることもある
・水不足なんて聞いたことがない ・日本は周りが海だから大丈夫 ・雨もたくさん降るから大丈夫 ・札幌は雪解け水もある ・水は作ることもできるのでは	・水が足りなくて困っている人たちをニュースで聞いたことがある ・海の水は塩水なので使えない ・水道料金があるから，お金がかかる ・人が増えればいつかは不足する

　子供たちの意見が出たところで，右の資料を提示したい。佐世保市の給水制限のお知らせである。この資料で「水は限りあるもの」であることを子供たちに伝える。

　水源は雨水である。この雨水をためるのがダムである。ここで，子供たちにダムの写真を提示する。雨が降らなくなり，ダムの水が減ることで水不足になることがあることを伝えたい。

（佐世保市HPより）

❸ 次時へ見通しをもつ主体的な学び（創り出す）

発問：ダムの水はどのようにして届くのか？

　ダムの水が水源であると知ったことで，子供たちにその水がどのようにしてわたしたちのもとに届くのかという問いを生ませ，調べる計画を立てるようにしたい。

 評価は以下の場面で考えられる

・❷の協働場面での評価…自分なりの考えを根拠をもって話すことができているか。

・❸の場面での評価

【模範解答例】ダムの水は水道をとってぼくたちの家に届けられていると思う。／そのままでは汚れているのできれいにしなくてはならない。／川になって流れてくるはずだ。

6 ［水のゆくえ］

2　水はどこからやってくる？

（学習課題No48・1時間構成）

❶深い学びを生む学習問題

❷対話的な学びを生む協働

❸次時へ見通しをもつ主体的な学び

アクティブ・ラーニング的学習展開

❶ 深い学びを生む学習問題（かかわる）
発問：ダムの水はどこへ？

ICT…ダムが水を放流している動画を提示（NHK for School）。

自分たちの飲んでいる水が「ダム」から始まっていることを知った子供たちに，ダムの水がどのように自分たちの家の蛇口まで届くのかという問いを前時で生む。

そこでまず，ダムが水を放流している写真を提示し，この水がどこへ行くのかを考えさせたい。すると子供たちは「川になる」と予想できるはずなので，次にダムから流れる川の様子を写真で提示したい。そこで，<u>川となって流れる水が，わたしたちが普段飲めるようになるには，どんなことが必要か？</u>を問いとして見いだし，水のゆくえについて調べる活動につなげたい。

本時のねらい

【思考力，判断力，表現力等】川の水がどのように家庭まで届くのかを考え，予想を立てることができる。

【主体的に学習に取り組む態度】川の水をどのようにきれいにするのか予想することができる。

❷ 対話的な学びを生む協働（つながる）

発問：川の水が飲めるようになるには？

川の水をとる	川の水をきれいにする	川の水を家庭に送る
・川はいつかは海に流れていく ・流れる川の水を取り出す場所があるはず	・川の水は汚れているから飲めないよ ・水をきれいにする施設があるのでは	・川の水を飲めるようにしたとしても，どうやって家庭まで送るのか ・地面の下を流れる？

取水場	浄水場	水道管

(多治見市HPより)

実際には浄水場を見学したり，水道局のパンフレットを調べたりしながら，水が家庭まで届く過程を次時で調べていくようにする。しかしその前に，どのように届くのかを予想させることが大切である。

❸ 次時へ見通しをもつ主体的な学び（創り出す）

発問：川の水をどのようにきれいにしているのか？

子供たちに，川の水を飲むことができるようにどのようにきれいにしているかも考えさせたい。そのため，どのように汚れているのかを考えさせるとよい。

評価 評価は以下の場面で考えられる

・❷の協働場面での評価…川の水がどのように届くのかを多面的に考えられているか。
・❸の場面での評価

【模範解答例】川の水には砂などがまじっているから，それをとらなければいけない。／細かい病原菌などが入っている可能性もあるので，薬などをまぜているのではないか。

6 ［水のゆくえ］
3　水が家庭に届くまでを調べよう

（学習課題No.49・1時間構成）

板書

❶深い学びを生む学習問題
❷対話的な学びを生む協働
❸次時へ見通しをもつ主体的な学び

アクティブ・ラーニング的学習展開

❶ 深い学びを生む学習問題（かかわる）
発問：川の水は汚くないの？

ICT…インターネット上に浄水の仕組みがわかりやすく公開されている。

　右は川の水を取り入れる「取水スクリーン」といわれるゲートの写真である。わたしたちの飲んでいる水は川から取水し，浄水場を経由して水道水となり，飲料水，生活水として利用している。子供たちには，まずこの写真を提示し，この川の水を飲んでいることを理解させたい。

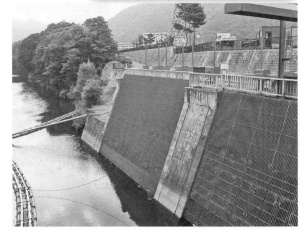

・川の水は汚れているからそのままでは飲めない。
・細菌など目には見えないものが含まれているかもしれないので不安だ。
・砂や石がまざっている。　・魚などの動物の糞もまざっている。
・大きな流木が流れているのを見たことがある。

　このようにまずは，自然に流れる川がどのような状態にあるかをイメージし，<u>川の水がどのようにして飲料水になるのか？</u>を学習問題として調べるようにする。

本時のねらい

【知識及び技能】浄水場において川の水がどのようにして浄水されているかの行程を調べ，安全に市民のために水がつくられていることを理解することができる。

❷ 対話的な学びを生む協働（つながる）

発問：川の水はどのようにして飲めるようになるのか？

①沈砂池	②フロック形成池	③フロッキュレータ
取り入れた河川水の流速を調整し，大きな土砂やごみを沈める	河川水と薬品（凝集剤）をまぜてフロック（濁質等を凝集したもの）を形成	フロック形成水を撹拌する設備

④沈殿池	⑤ろ過池	⑥浄水池
フロックを沈殿させるための池。中に沈降傾斜板が設置され沈降時間を短縮	沈澱水（沈澱池の上澄水）をろ過するための池。池の下部のろ過砂を通ることでろ過される	ろ過池で処理され，塩素で消毒された浄水を貯留し，ここから送水ポンプで配水池に送る

❸ 次時へ見通しをもつ主体的な学び（創り出す）

発問：中央管理室では24時間何を見ている？

浄水場では24時間，上流のダムやフロックの状態，河川の状況を監視している。

評価 評価は以下の場面で考えられる

・②の協働場面での評価…浄水場の行程を整理しまとめることができているか。

・③の場面での評価

【模範解答例】ダムや川の魚が変死するなどの異常がないか監視している。／浄水のシステムに異常があると市民に影響があるので24時間監視している。

6 ［水のゆくえ］

4　安全な水はどのようにつくられているのか？

(学習課題No.50・1時間構成)

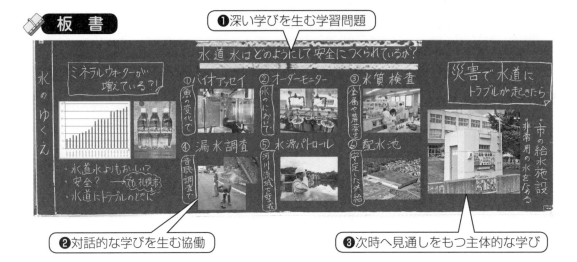

❶深い学びを生む学習問題

❷対話的な学びを生む協働

❸次時へ見通しをもつ主体的な学び

アクティブ・ラーニング的学習展開

❶　深い学びを生む学習問題（かかわる）
発問：ミネラルウォーターが増えている？

ICT…グラフをマスキング表示する。

　右図は日本で市販されているミネラルウォーターの一人あたりの消費量である。これを見ると，約20年前は6リットルほどだった消費量は2016年では28リットルほどとなり，およそ5倍となっている。この事実から子供たちに問いを生ませたい。

・売っている水の方が美味しいから。
・売っている水の方が安全だから。

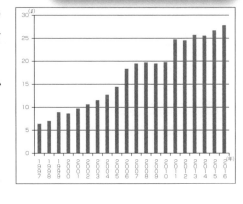

・水道が壊れた時に飲むことができる。
・でも，お金がかかるのにどうして買ってまで飲むのか。

　しかし，一方で市区町村でも水道水を販売している地区がある。水道水の安全性や品質をPRすることが目的である。では，<u>水道水はどのように安全につくられているのか？</u>という問いを見いだし学習問題として設定する。

💡 本時のねらい

【知識及び技能】 水道水の安全性がどのように保たれているかを調べ,整理してまとめることができる。

❷ 対話的な学びを生む協働(つながる)

発問:水道水はどのようにして安全につくられているのか?

①バイオアッセイ	②オーダーモニター	③水質検査
水質の変化に敏感な魚を使い水質の変化を監視	水を温めて,水の臭いの程度で水質を検査	水質管理センターで最新機器で金属,農薬の分析
		（札幌水道局HPより）
④漏水調査	⑤水源パトロール	⑥配水池
水道管の水漏れを音聴調査で発見する	大切な水源を守るために河川流域の巡回パトロールを行う	浄水場から送られてくる水量と使用量との差を調整し,適正な水圧で安定した給水を行う
（札幌水道局HPより）	（札幌水道局HPより）	

❸ 次時へ見通しをもつ主体的な学び(創り出す)

発問:災害で水道にトラブルが起きたら?

わたしたちの生活に欠かせない水道だが,災害などで水道管が破損などした場合に備え,市区町村では給水施設を各地に設置している。

🌸 評 価　評価は以下の場面で考えられる

・②の協働場面での評価…水道水の安全性についての取り組みを整理しまとめることができているか。
・③の場面での評価

【模範解答例】定期的に非常用の水道水をためておくとよい。／市の給水施設の場所を確認しておくことが大切だ。

6 ［水のゆくえ］

5　使った水はどうなるのか？

（学習課題No.51・1時間構成）

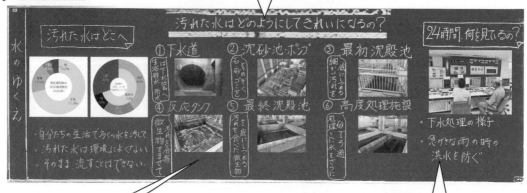

❶深い学びを生む学習問題

❷対話的な学びを生む協働

❸次時へ見通しをもつ主体的な学び

アクティブ・ラーニング的学習展開

❶ 深い学びを生む学習問題（かかわる）
　　発問：汚れた水はどこへ？

ICT…下水処理の様子はインターネットでも確認できる。

　水はわたしたちにとってなくてはならないものであり、その水がどのようにわたしたちの家庭に届くのかをこれまで学習してきた。しかし、同時にわたしたちは水を汚し、捨てているわけであり、その排水口から流れていく水がどこにいくのかを子供たちに考えさせることが大切である。右は水の汚れを示すBODの負荷割合である。このグラフを子供たちに提示することで、わたしたちの生活排水が全体の7割を占めていることを伝える。子供たちには以下のことに気付かせたい。

・自分たちの生活で多くの汚れた水をつくっている。
・汚れた水は環境によくない。
・そのまま川に流すことはできないと思う。

　<u>汚れた水をどのようにして、きれいにしているのか？</u>を学習問題として設定する。

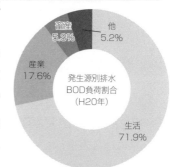

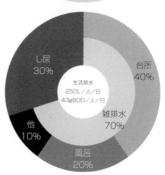

本時のねらい

【知識及び技能】使った水や雨水がどのように処理されているかの行程を調べ，整理してまとめることができる。

❷ 対話的な学びを生む協働（つながる）

発問：汚れた水はどのようにしてきれいになるのか？

汚れた水は下水処理施設に送られる。下水処理施設へは下水道管を通って，生活排水の他に雨水も一緒になって送られる。

①下水道	②沈砂池・ポンプ施設	③最初沈殿池
生活排水や雨水は下水道管を通り処理場へ	沈砂池で石や砂，ごみを取り除きポンプでくみ上げる	細かい汚れを底に沈め，小さなごみや汚れを取り除く

④反応タンク	⑤最終沈殿池	⑥高度処理施設
水をきれいにする微生物をまぜて空気を送る	汚れを食べ大きくなった微生物を底に沈め，上澄みを取り出す	処理した水をさらに砂でろ過して川に放流する

取り除いた汚泥は水分を取り除き焼却して，セメントの原料などに再利用している。

❸ 次時へ見通しをもつ主体的な学び（創り出す）

発問：下水処理場で監視しているのは何か？

下水は生活排水だけでなく，雨水も集まる。豪雨などどのような状態になるか想像させたい。

評価　評価は以下の場面で考えられる

・②の協働場面での評価…下水処理の仕組みを調べ整理してまとめることができているか。
・③の場面での評価

【模範解答例】洪水を防ぐために川に下水をすぐに放流する。

6 ［水のゆくえ］

6　流れる水のゆくえをまとめよう

(学習課題No.52・1時間構成)

💡 本時のねらい

【主体的に学習に取り組む態度】生活に欠かせない水が、浄水場の人々の努力で供給され、また生活排水は下水処理場の人々の努力で、衛生的に処理されている事実を理解し、使い手である自分たちができることを考えることができる。

学習のまとめとして、「水のゆくえマップ」を作成する。これまで学んできた浄水場の仕組みや下水処理の仕組みを努力や工夫を視点にまとめる。また、その過程で自分たちにも関連していることを取り上げ表現できるようにしたい。

アクティブ・ラーニング的記事作成

社会的な見方や考え方

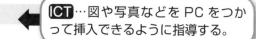
ICT…図や写真などをPCをつかって挿入できるように指導する。

【空間的な見方・考え方】
・暮らしの水がどこからやってきて、どのようにして飲めるようになるのかを調べている。

【時間的な見方・考え方】
・川から取り入れた水がどのぐらいの時間で家庭まで届くのかを調べている。
・排水された水がどれくらいの時間で川に放流されるのかを調べている。

【相互関係に着目】
・浄水場や下水処理場で働く人々の工夫や努力を位置付けることができる。
・水の循環についてまとめることができている。
　このような視点で学習をまとめ、自分なりの考察や構想を表現できるようにする。

【社会的事象を比較・分類・総合】
・各地域の気象条件や地形の違いなどを比較し、地域によって水が不足することがあることなどを理解している。

【生活と関連付けて考える】
・日常生活になくてはならない水が多くの人々の努力や工夫によって成り立っていることを理解し、自分たちの水の使い方を見直すことができる。

🌸 評価

ここでは上記の見方や考え方でまとめているかどうかを「水のゆくえマップ」の内容から評価することが重要である。

わたしたちの水のゆくえをまとめよう

川から海へ

水源の森のはたらき
・森は雨水を土壌に蓄えます！
・蓄えられた水はきれいになってゆっくりと河川に流れていきます。

ダムのはたらき
・ダムにたっぷりの水をためて水道水に利用します！
・水をためておくことで洪水を防ぎます。

浄水場のしくみ

水道管

（豊橋市上下水道局HPより）

下水処理のしくみ

家庭の蛇口

下水道

7 ［ごみのゆくえ］

1　家庭ではごみをどうしているのか？

(学習課題No.53・1時間構成)

板書

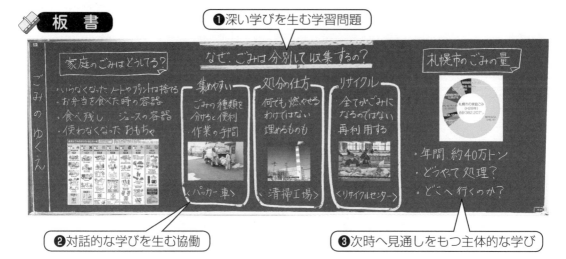

❶深い学びを生む学習問題
❷対話的な学びを生む協働
❸次時へ見通しをもつ主体的な学び

アクティブ・ラーニング的学習展開

❶ 深い学びを生む学習問題（かかわる）

発問：家庭のごみはどうしている？

ICT…市区町村のHPにはごみの分別の仕方が掲載されている。

　ごみは大人はもちろん，子供たちも日々出しているものである。ここではまず，子供たちが生活を振り返り，どんなごみを出しているのかを考えさせたい。

- いらなくなったノートやプリントは捨てている。
- お弁当を食べた時の容器もごみになる。
- 食べ残しもごみになる。
- 飲んだジュースの容器も捨てる。
- 使わなくなったおもちゃを捨てたこともある。

（札幌市HPより）

　多様なごみの種類が出てきたところで，それぞれの市区町村でのごみの分別表を提示する。するとごみには多くの種類分けがされており，曜日によって収集する種類が違うことを伝えたい。そこで，<u>なぜ，ごみを分別して収集しているのか？</u>という問いを見いだし，学習問題を設定したい。

本時のねらい

【思考力，判断力，表現力等】生活の中でわたしたちが多くのごみを出していることを知り，ごみをどのように処理するのかを考えることができる。

【主体的に学習に取り組む態度】大量のごみの事実から，ごみ処理について調べる関心を高めることができる。

❷ 対話的な学びを生む協働（つながる）

発問：なぜ，ごみは分別して収集しているのか？

生活経験上，曜日ごとに集めるごみが違うことは，子供たちは知っているであろう。しかし，その目的がどんなことかを予想し，問いを深めたい。

集めやすい	処分の仕方が違う	リサイクルするものがある
・ごみの種類を分けていると集める人が便利 ・時間も早く集めることができる	・ごみには燃やして処理するものと，燃やせないものがある ・地中に埋める	・すべてがごみになるわけじゃない ・再利用するものもある
パッカー車	清掃工場	リサイクルセンター

「集めやすい」という視点から清掃員の仕事について，「ごみを燃やす」という視点からは清掃工場の仕組みについて，「リサイクル」という視点からはリサイクルセンターの仕組みについて取り上げ，次時への学習計画を立てるようにしたい。

❸ 次時へ見通しをもつ主体的な学び（創り出す）

発問：市ではどれくらいごみが出ているのか？

右は札幌市の家庭ごみの年間量である。札幌市だけで年間約40万トンものごみを出す。この事実からごみ処理について主体的に考えさせたい。

評価 評価は以下の場面で考えられる

・❷の協働場面での評価…自分なりの考えを根拠をもって話すことができているか。
・❸の場面での評価

【模範解答例】40万トンものごみを，どうやって処理しているのか？／分別されたごみはそれぞれどこに行くのか調べてみたい。

7 ［ごみのゆくえ］

2　清掃工場を見学しよう

(学習課題No.54～55・2時間構成)

💡 本時のねらい

【知識及び技能】清掃工場を取材して，前時までに深めていた問いについて調査し，必要な情報を直接的かつ間接的に集めることができる。

　ここでは2時間分の社会見学の時数を確保する。社会見学ではしっかりと目的意識をもち見学に臨むことが重要である。何を見るか，何を聞くかといった視点をもたなければ，「必要な情報を集める技能」が育たない。視点は単元全体の学習問題ではまだ弱く，具体的に問いをもたせることが効果的な社会見学につながる。

アクティブ・ラーニング的社会見学

社会的な見方・考え方

問いのもち方～清掃工場見学の場合

【空間的な見方・考え方】
・この清掃工場ではどの地域まで行って，ごみの収集を行っているのか。
・どのように範囲をまわり，ごみの収集をしているのか。

【時間的な見方・考え方】
・ごみを収集するのにどれくらいかかるのか。　・ごみを焼却するのにどれくらいかかるのか。

【相互関係に着目】
・清掃員の人はごみ収集の時にどんな工夫や努力をしているのか。
・ルール違反のごみがあった時にはどのような対応をするのか。

　このような視点で問いをもち，取材のためのメモを準備しておくようにする。さらに，取材した後には，次の方法で，考察や構想をしていくことが求められる。

【社会的事象を比較・分類・総合】
・ごみの種類によって，どのような収集後の行き先があるのか考える。
・地域によって，ごみの収集のルールが違うのか調べてみる。

【生活と関連付けて考える】
・生活の中で出るごみにはどんなものが多いのか。
・自分の家で利用しているごみ置き場について調べてみる。

　見学中は，短い言葉で，箇条書きでまとめるようにする。見る事，聞く事8割，書くのは2割で見学できるように指導する。

取材カード	名前
着目点①どの地域までのごみを集めているのか？	**着目点②**ごみを焼却するのにどれくらいの時間がかかるのか？
着目点③清掃員の方はどんな工夫や努力をしているのか？	**着目点④**どれくらいの人が働いているのか？

その他（驚いたこと，工夫している点など）

7 ［ごみのゆくえ］

3　燃やせるごみはどこへ？

(学習課題No.56・1時間構成)

板書

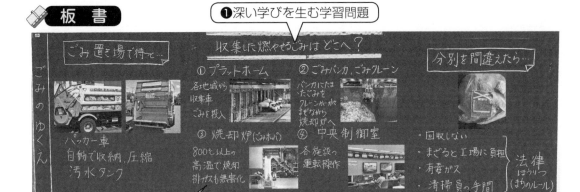

❶ 深い学びを生む学習問題
❷ 対話的な学びを生む協働
❸ 次時へ見通しをもつ主体的な学び

アクティブ・ラーニング的学習展開

❶ 深い学びを生む学習問題（かかわる）
発問：ごみ置き場を調べよう。

ICT…清掃工場の様子が各自治体のHPなどで動画で公開されている。

　家庭から出るごみは決められた日にごみ置き場に出すことになっている。ごみ全体の3分の2を占める燃やせるごみは，札幌市では週2回の収集を行っている。子供たちにも地域のごみ置き場を観察させたい。ちなみにごみ置き場は，全国でいろいろな呼び方があり，「ごみステーション」「ごみ集積所」「ごみボックス」などがある。ごみ置き場には収集のために「パッカー車」が使用されている。回転板と押込板によって，放り込まれたごみを自動的に荷箱に収納し，中ではごみを圧縮している。ごみからは悪臭もあり，その原因となる汚水もタンクにためるなどの工夫が施されている。このパッカー車で集められたごみがどこへ向かうのかを，調べたことをもとにまとめていくようにする。

本時のねらい

【知識及び技能】 燃やせるごみが清掃工場まで運ばれ，焼却される工程を，取材したことを整理してまとめることができる。

【主体的に学習に取り組む態度】 ごみを分別することの意味を考え，自分なりの考えを表現することができる。

❷ 対話的な学びを生む協働（つながる）

発問：収集したごみはどこに運ばれるのか？

清掃工場を見学した取材メモをもとにして，ごみを焼却する様子を整理する。

①プラットホーム		②ごみバンカ＆ごみクレーン	
各地域から収集車がやってきて，計量後に，荷箱を上げてごみバンカにごみを投入する		ごみバンカにたまったごみをごみクレーンでかきまぜながら，焼却炉に投入する	
③焼却炉（ごみホッパ）		④中央制御室	
ごみを800度以上の高温で焼却。排ガスは有害物質を取り除き煙突から大気に放出する		各設備の運転操作と監視を行う。モニターで清掃工場全体の運転状況を把握する	

　これらの過程の中では，「汚水」や「灰」も発生する。汚水には固形物や重金属もまざっているので処理してから下水道に放流する。焼却灰は埋立地に送られるが，一部の工場では1,200度以上の高温で溶融して急速に冷やし，「スラグ」という状態にしてアスファルトなどに有効利用している。また，燃やすことで発生する「熱」を利用して，蒸気タービンで発電を行ったり，近くの温水プールに利用したりしている。

❸ 次時へ見通しをもつ主体的な学び（創り出す）

発問：分別を間違えた場合はどうなるのか？

　分別を間違えた場合，札幌市では違反シールが貼られ回収されない。分別をしない市民が増えるとどうなるか考える。

評価 評価は以下の場面で考えられる

・②の協働場面での評価…調べたことを整理してまとめることができているか。
・③の場面での評価

【模範解答例】 燃やせないごみがまざると工場に負担がかかる。／ごみの量が増えて埋立地が圧迫される。／有毒ガスが出ることがある。／清掃員の手間が増える。

7 [ごみのゆくえ]
4 資源ごみはどこへ？

(学習課題No57・1時間構成)

❶深い学びを生む学習問題
❷対話的な学びを生む協働
❸次時へ見通しをもつ主体的な学び

アクティブ・ラーニング的学習展開

❶ 深い学びを生む学習問題（かかわる）
発問：ごみはなぜ減っている？

ICT…ごみの排出量のグラフをアニメーションで表示する。

右のグラフは環境省における統計から作成した，1人1日当たりのごみ排出量を資源ごみと区分して表したものである。このグラフからわかることは，平成7年（容器包装リサイクル法施行）からごみのリサイクルが本格化し，平成12年からごみの有料化（各自治体で実施…当初は20％，現在は63.5％）が始まったことで，ごみの総排出量が減少していることである。では，リサイクルされる「びん，缶，ペットボトル，プラスチック，雑がみ」などはどのように回収されるのか？を問いとして見いだし，調べるようにする。回収先を取材するなどできるとよい。

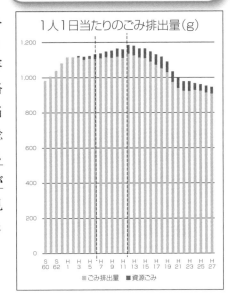

100

本時のねらい

【知識及び技能】ごみ排出量が減少している理由の一つにリサイクルがあることを知り，ごみがどのように資源化されているかを調べて整理することができる。

❷ 対話的な学びを生む協働（つながる）

発問：回収された資源化ごみはどこへ？

資源化される回収ごみの行き先について調べ，整理してまとめる。

資源選別センター		
手作業で不適物を除去→磁石でスチール缶→風力でびん→磁界の反発でアルミ缶を選別		
びん	缶	ペットボトル

手作業で白・茶・その他のびんに分類し，またびんに再生	アルミ缶は再びアルミ缶や自動車部品に，スチール缶は鉄製品に	繊維製品や卵パックやフルーツパックに
プラスチック選別センター	リサイクルプラザ	古紙回収業者
	（札幌市リサイクルプラザHPより）	
再びプラスチック製品にしたり，化学的にガスなどに変換	大型ごみ収集で出された家具や自転車を修繕し販売	古紙を薬品で溶解し，不純物を取り除き，紙として再生

❸ 次時へ見通しをもつ主体的な学び（創り出す）

発問：思うようにリサイクルが進んでいないのはなぜか？

先のグラフを見ると，リサイクルが進んでいるようには見えない。現状ではリサイクル事業にはコスト面などで大きな課題もある。それを踏まえて考えを引き出す。

評価　評価は以下の場面で考えられる

・❷の協働場面での評価…調べたことを整理してまとめることができているか。

・❸の場面での評価

【模範解答例】リサイクルにはお金がかかるけど，地球環境のために進めていくべきだ。／正しく分別する自分たちの行動も必要だ。

7　[ごみのゆくえ]

5　燃やせないごみのゆくえ

(学習課題No.58・1時間構成)

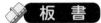板　書

アクティブ・ラーニング的学習展開

❶　深い学びを生む学習問題（かかわる）
　　発問：燃やせないごみはどこへ？

ICT…グーグルマップを活用し、ごみ処分場の場所を提示する。

　ごみの多くは清掃工場で燃やされることをこれまでの学習で学んでいるが、燃やすといってもすべてがなくなるわけではない。燃やしたあとの「灰」は必ず残る。この灰は各市区町村の「埋立処分場」に送られる。また燃やせないごみのうち、鉄やアルミは回収されるが、発泡スチロール、陶磁器、ガラス類などもまた埋立処分場に送られることになる。右上は札幌市の埋立処分場である。この写真を子供たちに提示し、以下のことを気付かせたい。

　・すごく広い土地である。　・すぐ隣に公園が見える。
　・海の近くで都心からは離れている。
　・ごみの山が近くにあるのは害はないのだろうか。

　そこで、ごみの廃棄にはどのような工夫があるのか？を学習問題として調べるようにする。

本時のねらい

【思考力，判断力，表現力等】燃やせないごみの処理における環境面での配慮を考えた取り組みを調べ，ごみを減らし，衛生的な生活を維持することの重要性を考えることができる。

❷ 対話的な学びを生む協働（つながる）

発問：ごみの廃棄にはどのような工夫があるのか？

ごみの処理には衛生的な処理が必要である。燃やせないごみの処理や燃やせるごみの莫大なエネルギーの有効活用についての工夫点を調べてまとめる。

燃やしたあとの灰	埋立地跡	余熱の活用
 （東京二十三区清掃一部事務組合HPより）		
燃やせるごみを焼却したあとに残る灰の一部を，電気やガスをつかって高温に加熱し溶融してつくる人口砂。アスファルトやコンクリートに有効活用	埋立地には容量に限界があり，それに達した処理場は公園化され，市民の憩いの場所となる。現在の全国の埋立地の寿命は20年と言われる	燃やせるごみの焼却時の余熱をつかって温水をつくり近隣の温水プールに利用している。また蒸気をつかってタービンを回し発電も行っている

ごみの処理はわたしたちの衛生的な生活に欠かせないものであるが，同時に環境を破壊することにもつながることに気付き，生活環境に配慮した自治体の取り組みに気付くようにする。

❸ 次時へ見通しをもつ主体的な学び（創り出す）

発問：ごみ置き場が増えているのは？

右は札幌市のごみ置き場の推移である。ごみの量は減っているのにごみ置き場が増えていることがわかる。これは札幌市で採用している「小規模ごみステーション」方式である。これから市民のごみに対する意識の高まりに気付かせたい。

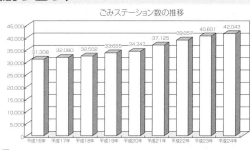

評価　評価は以下の場面で考えられる

・②の協働場面での評価…調べたことを整理してまとめることができているか。

・③の場面での評価

【模範解答例】町内会で輪番制にすることで，ごみへの管理責任を育てる。／集まるごみが減ることでトラブルも減ると思う。

7 ［ごみのゆくえ］
6　ごみ減量宣言をしよう！

(学習課題No.59・1時間構成)

本時のねらい

【主体的に学習に取り組む態度】ごみの処理の仕組みや再利用，人々の協力などに着目し，自分事として捉え，ごみの減量の工夫などを考え選択・判断することができる。

　学習のまとめとして，「ごみ減量宣言」を行う。市区町村がごみの衛生的な処理や資源の有効活用ができるように進め，生活環境の維持と向上に目指していることを学んできている。そこで子供たちが自分たちにもできることを考え，主体的にごみ処理と向き合い提案させたい。

アクティブ・ラーニング的記事作成

社会的な見方や考え方

ICT…子供たちが考えた提案をプレゼンテーションソフトで表現する。

【空間的な見方・考え方】
・校区のごみ置き場を調べ，どのように管理されているのかを調べている。

【時間的な見方・考え方】
・ごみ収集がどれくらい時間をかけて回収しているのか。
・ごみの焼却がどのくらい時間をかけて行われているか。
・ごみ処理場があと20年で一杯になることを課題として考えている。

【相互関係に着目】
・ごみ処理にかかわる人たちの工夫や努力を調べている。
　このような視点で学習をまとめ，自分なりの考察や構想を表現できるようにする。

【社会的事象を比較・分類・総合】
・地域のごみ置き場を比較したり，地域のリサイクル活動を分類したりして，課題を見つけることができる。

【生活と関連付けて考える】
・町内でのごみ置き場のルールを調べ，課題を見つけ自分たちなりに改善策を提案することができる。

評　価

　ごみ処理に対する見方・考え方を働かせ，自分なりの考えを提案することができる。

わたしたちのごみ減量宣言！

主張：

①

（プレゼンテーションスライド）

分別を増やして資源を再利用

②

（プレゼンテーションスライド）

③

（プレゼンテーションスライド）

8 ［昔の道具・地域単元］
1　昔の暮らしを見つけよう

(学習課題No.60・1時間構成)

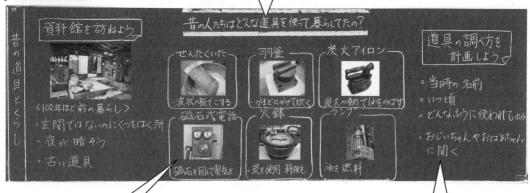

❶深い学びを生む学習問題
❷対話的な学びを生む協働
❸次時へ見通しをもつ主体的な学び

アクティブ・ラーニング的学習展開

❶ 深い学びを生む学習問題（かかわる）
発問：地域の資料館を訪ねよう。

ICT…資料館などの昔の道具を画像で表示するとよい。

　本単元は3年生の子供たちが暮らしの過去を見つめ，現代までの暮らしの移り変わりを学ぶことになっている。しかし，これまで歴史の学習を行っていない子供たちにとって，時間的な見方・考え方をもつことは難しさもあることから，本単元では「昔の道具」を通して，当時の暮らしを想像することが重要である。そこで，地域の資料館などを訪問し，教材化していきたい。

　右は資料館に展示されている100年ほど前の暮らしの様子である。以下のことを子供たちに気付かせたい。

・玄関ではないのに靴をはく場所？
・夜が暗そう。
・古そうな道具がたくさんある。
・今とは違うところがたくさんある。

　この写真から，現代の生活と比較して，<u>当時の人たちがどのような道具をつかって，どのような生活を送っていたのか？</u>を学習問題として設定する。

(当麻町郷土資料館)

本時のねらい

【主体的に学習に取り組む態度】昔の道具を観察し、それがどのようにつかわれていたのか、どんな暮らしであったのかを想像し、学習計画を立てることができる。

❷ 対話的な学びを生む協働（つながる）

発問：昔の人たちはどんな道具をつかって暮らしていたのか？

昔の道具は多様に存在するが、地域の資料館などから借りたり、子供たちの親類から集めたりして実際に目に触れることができるようにしたい。

せんたくいた	羽釜	炭火アイロン
波上の段がついた板でこすりながら洗うための道具	かまどにかけてご飯を炊くのにつかわれた釜	炭火を中に入れてその熱で布のしわをのばす道具
磁石式電話	火鉢	ランプ
磁石を回して電気を起こし電話交換手につないでもらう	炭を使用する暖房器具。料理などにもつかわれた	油を燃料とした灯心に火をつけた照明器具

以上、代表的な道具であるが、実情に合わせていくつか子供たちに提示し調べるようにしたい。

❸ 次時へ見通しをもつ主体的な学び（創り出す）

発問：道具の調べ方を計画しよう。

昔の道具についてどのようなことを調べるのかを話し合わせ、皆が同じように調べられるようにしたい。

評価　評価は以下の場面で考えられる

・②協働場面での評価…調べた情報を整理してまとめることができているか。

・③の場面での評価

【模範解答例】当時の名前といつ頃、どんなふうに使われていたのかを調べたほうがいい。／おじいちゃんなどお年寄りに話を聞くようにしたい。

8 ［昔の道具・地域単元］

2　昔の道具を調べて，体験してみよう

(学習課題No.61～63・3時間構成)

調べた道具の名前
道具の写真（絵） ・道具の写真を貼る。または道具を観察しスケッチしてもよい
いつごろ使われていたのか？　・おじいちゃんが子供の頃，などの表現がよい
どんなことに使うのか？
何でできているのか？
＜気がついたこと＞ ・どんな色なのか ・さわった感じはどうか ・当時の人はどんな暮らしをしていたのか

本時のねらい

【知識及び技能】 関心のある昔の道具を選択し，それがいつ頃つかわれており，どのようにつかっていたのかを調べ体験し，当時の暮らしの様子を想像することができる。

体験した道具の名前
道具の使い方 ・体験する道具をどのようにつかうのかをまとめる
使ってみた感想
使っていた人に取材しよう ・親戚や地域のお年寄りなど実際に使用した方に取材をする

8 ［昔の道具・地域単元］

3　昔の道具から当時の暮らしを想像しよう

（学習課題No.64・1時間構成）

板書

❶深い学びを生む学習問題

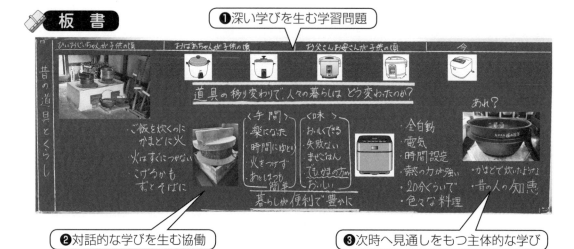

❷対話的な学びを生む協働

❸次時へ見通しをもつ主体的な学び

アクティブ・ラーニング的学習展開

❶ 深い学びを生む学習問題（かかわる）
発問：羽釜はどんなふうにつかわれたのか？

ICT…羽釜がどのようにつかわれていたかがわかる写真を提示するとよい。

　道具の移り変わりによって人々の暮らしがどう変わったのか，ご飯を炊く「羽釜」の変化とともに人々の暮らしの変化を見つめていく。

　右の写真は今から60年前（1950年代）までは使われていた「羽釜」である。この羽釜の使い方を伝え当時の生活を想像する。

・ご飯を炊くのにかまどに火をつけないといけない。
・火はすぐにつかないから，息を吹いたり，薪を入れたりしなければいけない。
・こげたりして失敗するかもしれない。
・ずっとそばにいなければならず，時間がかかる。

<u>昔は大変だった炊飯がどのように変化したのか？</u>を学習問題として調べるようにする。

本時のねらい

【思考力，判断力，表現力等】炊飯器の移り変わりを調べ，当時の人たちの生活がどのように変化したのかを想像し，また昔の知恵が今も残っていることを表現することができる。

❷ 対話的な学びを生む協働（つながる）

発問：ご飯を炊く道具は羽釜からどのように変化したのか？

昔の道具は多様に存在するが，地域の資料館などから借りたり，子供たちの親類から集めたりして実際に目に触れることができるようにしたい。

1955年頃	1960年頃	1979年頃
電気炊飯器誕生	自動で保温する炊飯器	マイコン内蔵で火加減自動
電気の力で自動で炊ける炊飯器	ご飯を炊いたあとも，保温ができる炊飯器	マイコンが火力を調節し微妙な火加減を自動化

1985年頃	1988年頃	2008年頃
タイマー付き炊飯器	IHジャー炊飯器	蒸気レス炊飯器
ごはんが炊き上がる時間をセットできる	電磁誘導加熱で鍋自体が発熱する炊飯器	炊飯中の蒸気を水タンクに回収し蒸気をカット

❸ 次時へ見通しをもつ主体的な学び（創り出す）

発問：最新の炊飯器はどうして羽釜？

最新の炊飯器は「羽釜」が採用されているものがある。本物のかまど炊きを再現するメーカーの思いがある。

評価　評価は以下の場面で考えられる

・②の協働場面での評価…それぞれの年代の炊飯器から，生活の変化を考えることができているか。
・③の場面での評価

【模範解答例】かまどで炊いたときのように美味しいお米を食べることができる。／昔の人たちの知恵が今の炊飯器にも生きている。

8 ［昔の道具・地域単元］

4　昔の道具年表を作ろう！

(学習課題No65・1時間構成)

💡 本時のねらい

【知識及び技能】古くから残る暮らしにかかわる道具やそれらをつかっていた頃の暮らしの様子を調べ，道具年表にまとめることができる。
【主体的に学習に取り組む態度】人々の暮らしの変化や向上が，人々の願いや知恵によるものだと考えることができる。

　学習のまとめとして，「昔の道具年表」を作成する。暮らしにかかわる昔の道具の移り変わりを調べ，年表にまとめることで当時の暮らしを想像し，苦労や努力を考えるようにしたい。道具は生活でよくつかうものを選択するようにし，家電製品など移り変わりがわかりやすいものを調べるようにしたい。

アクティブ・ラーニング的記事作成

社会的な見方や考え方 ICT…家電製品のメーカーのHPなどには道具年表が掲載されているものが多いので活用する。

【空間的な見方・考え方】
・ストーブなどのように昔の道具の特徴は地域によって異なることに気付き調べている。

【時間的な見方・考え方】
・昔の道具がどのように変化してきたかを調べることができる。
・昔の道具の変化と町の様子の変化を関連させながら年表を作成することができる。

【相互関係に着目】
・昔の道具の移り変わりと当時の人々の暮らしの変化を関連させて考えることができる。
　このような視点で学習をまとめ，自分なりの考察や構想を表現できるようにする。

【社会的事象を比較・分類・総合】
・道具によって，どのような移り変わりがあるか比較しながら，生活の変化を考えることができる。

【生活と関連付けて考える】
・昔の道具から受け継がれてきた知恵に気付き，表現することができる。

🌸 評　価

　昔の道具の移り変わりを調べ，昔から変化したもの，変わらないものに気付き表現することができる。

	100年前	祖父母が子どものころ	両親が子どものころ	今の時代
道具の変化①	【羽釜】 ・かまどに火をおこして、なべが落ちないように羽がついているものをつかっていたようだ。 ○とても美味しかったようだ。	【電気炊飯器】 ・電気の力で自動で炊飯できる炊飯器が誕生したよ。 ○かまどに火をつける必要がなくなったんだ。		
道具の変化②				
町のうつりかわり	○馬車鉄道が電車化した。 ○市の人口は10万人ほどだった。			

8 ［昔の道具・地域単元］
5　地域の教材化は銅像から
(資料)

　4年生の社会科の内容には「県内の伝統や文化，先人の働き」や「県内の特色ある地域の様子」が含まれている。各地域で副読本が作成され授業で活用していることが多いと思うが，それがすべてではない。教師自身が自らの足で地域の素材を調査し，教材化することで，新鮮な教材を子供たちに提供することができるであろう。その際，教材化のヒントになるのが，各地域に建立されている「銅像」である。銅像は先人の業績が評価されつくられたものがほとんどであるから，まずは地元の銅像を教材化すると地域の伝統や文化，特色が見えてくることがある。ここでは，わたしが実際に教材化のヒントになった銅像についてまとめる。

アクティブ・ラーニングを生む教材化

	**屯田兵顕彰之像** 場所：札幌市北区屯田 由来：この地を開拓した屯田兵の功績を讃え，中隊本部跡に開基100年を記念して建立。	屯田兵は，明治時代に北海道の警備と開拓のために派遣された人々である。屯田兵が入植した頃の札幌は原野であり，そこで開拓しながら暮らした屯田兵の衣食住や，道路や水路をつくったことなどを調査し，まちづくりに貢献したことで教材化が考えられる。
	**黒田清隆之像** 場所：札幌市大通公園 由来：北海道100年を記念して昭和42年に建立。戦前にも存在したが戦時中に金属類回収令で供出。	黒田清隆は薩摩出身で，明治3年から7年まで北海道開拓使の次官及び長官を務めた。北海道開拓の中心的存在であり，開拓の知識を先進国に学ぶために多くの外国人技師を北海道に招いた。黒田は第2代内閣総理大臣になっている。
	**ホーレス・ケプロン之像** 場所：札幌市大通公園 由来：北海道100年を記念して昭和42年に建立。	ケプロンは黒田が招いたお雇い外国人で当時のアメリカの農務長官。67歳の高齢であったが多くの果物の種や苗を持参したり，酪農を導入したりした。北海道の農業の原点として教材化することができる。

	クラーク博士像 （丘の上のクラーク） 場所：札幌市豊平区さっぽろ羊ヶ丘展望台 由来：クラークの来道100年，アメリカ合衆国建国200年に合わせ建立。	アメリカのマサチューセッツ農科大学の学長。新島襄の要請を受けて札幌農学校の初代教頭として赴任。北海道の自立のためには教育の力が必要とされ，クラークは農学校でアメリカの大学のカリキュラムを導入した。「少年よ，大志を抱け」が有名。
	エドウィン・ダン像 場所：エドウィン・ダン記念公園 由来：昭和39年にダンの牧牛場の事務所の移築に合わせ建立された。	ダンは開拓使によって招かれたお雇い外国人。明治6年に来日し，北海道における畜産業の普及に努めた。牛の飼育や搾乳技術だけではなく，バターやチーズ，ソーセージなどの加工技術も指導。北海道の酪農の礎を築いた人として教材化が考えられる。
	ジョセフ・クロフォード之像 場所：小樽市総合博物館 由来：クロフォードの業績を讃え昭和31年に手宮駅前に建立。その後，廃駅となり平成8年に移築。	お雇い外国人として北海道の鉄道開発事業の鉄道敷設技師長，土木顧問として来道。難所を克服して，手宮・銭函間馬車道を開通させ，その後明治13年に札幌・小樽間の鉄道を開通させた。また15年には幌内間までが開通し，石炭の運搬に利用された。
	大友亀太郎像 場所：創成川創成橋 由来：大友亀太郎の業績を讃え昭和61年に建立。	二宮尊徳の門下生であった亀太郎は1866年に札幌に入り，開拓を進める。農業を行うための用水路を開削し，札幌村の農業の基礎を築いた。後に南北に延長され創成川となり町の東西を画する起点になった。まちづくりの視点での教材化が考えられる。

社会的な見方や考え方

銅像になった人物の営みを調べることでその地域の伝統や特色が見えてくる。教材化の際には，その当時の課題に着目したり，人々の願いに着目したりすることで地域がどのように発展したのかを具体的事例をあげて捉えるようにするとよい。

付録
学習のまとめワークシート

p.30〜〔身近な地域〕

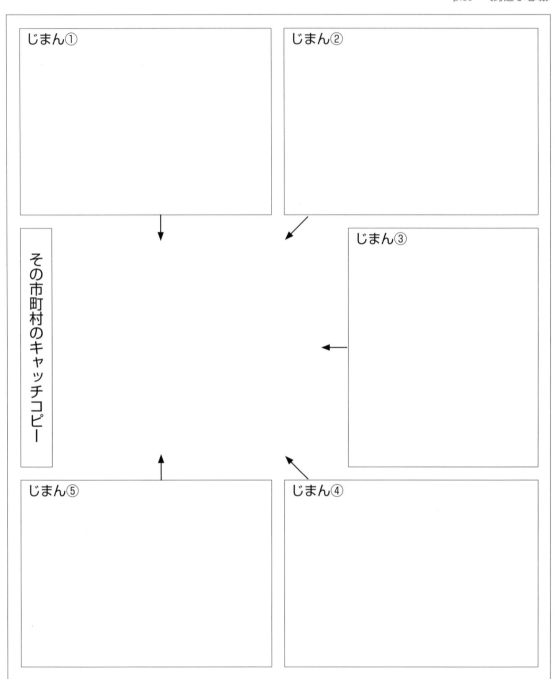

p.36〜〔工場の仕事〕／p.66〜〔消防の仕事〕／p.96〜〔ごみのゆくえ〕

取材カード	名前
着目点①	着目点②
着目点③	着目点④

その他（驚いたこと，工夫している点など）

付録 117

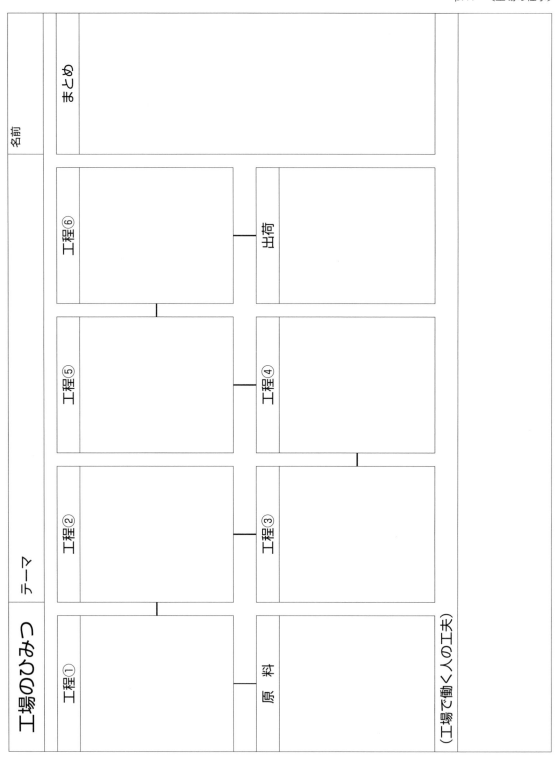

p.50〜〔お店の仕事〕

取材カード	名前
着目点①	
着目点②	
着目点③	

(店内図)

その他（驚いたこと，工夫している点など）

p.60〜〔お店の仕事〕／p.72〜〔消防の仕事〕

第　号　　　　　年　月　日(　曜日)　　（　　）

発 行 者

p.60〜〔お店の仕事〕／p.72〜〔消防の仕事〕（文字数増バージョン）

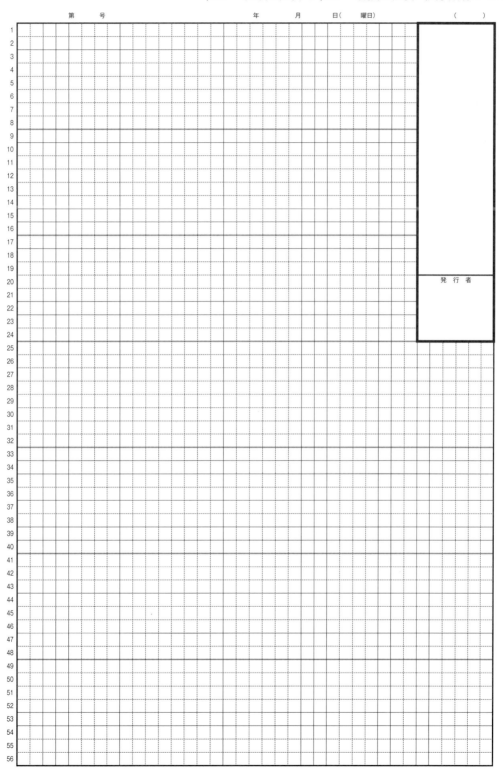

p.80〜〔警察の仕事〕

小学校　校区安全マップ

わたしたちの水のゆくえをまとめよう

p.92〜〔水のゆくえ〕

川から海へ	水源の森のはたらき	ダムのはたらき

下水処理のしくみ		浄水場のしくみ

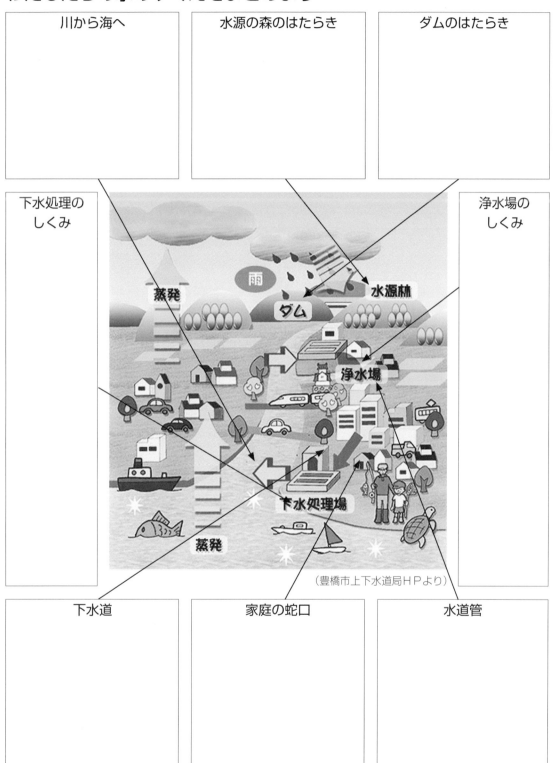

（豊橋市上下水道局HPより）

下水道	家庭の蛇口	水道管

付録 123

p.104〜〔ごみのゆくえ〕

わたしたちのごみ減量宣言！

主張：

① 　　　　　　　　　　　　　　　（プレゼンテーションスライド）

② 　　　　　　　　　　　　　　　（プレゼンテーションスライド）

③ 　　　　　　　　　　　　　　　（プレゼンテーションスライド）

p.108〔昔の道具〕

調べた道具の名前
道具の写真（絵）
いつごろ使われていたのか？
どんなことに使うのか？
何でできているのか？
＜気がついたこと＞

付録　125

p.109〔昔の道具〕

体験した道具の名前
道具の使い方
使ってみた感想
使っていた人に取材しよう

p.112〜〔昔の道具〕

	道具の変化①	道具の変化②	くらしの音
今の時代			
両親が子どものころ			
祖父母が子どものころ			
100年前			

付録 127

わりに

　「はじめに」で述べたように，今回の学習指導要領改訂で小学校3・4年生は学習内容の構成が大きく変更されている。特にいわゆる地域単元においては，3年生では市区町村の様子や交通，公共施設，土地利用，人口，生活の道具などの移り変わりを学び，4年生では都道府県の様子や自然災害から人々を守る活動，伝統や文化，先人の働きを学ぶことになった。3年生では自らの市区町村を，4年生では自らの都道府県をという枠組みができたといえる。

　3年生で2−(4)に位置付いた「市の様子の移り変わり」はこれまでにはなかった学習内容で，自分たちの住んでいる町の歴史を教材化することが必要となってくるであろう。では，どれくらいの歴史までを想定すればよいか？　新学習指導要領解説には「江戸時代などの言い表し方」という表記があるので，現在の町ができあがった頃までと考えるとよいだろう。しかし，3年生の子供たちに時代区分を理解させることは難しい。100年以上を超えての時間的な見方・考え方を養うためには，やはり具体的な資料や実物が必要である。「昔の道具」について

は，これまでも3年生の授業では多く使われてきたものであり，各地域に教材としての財産があると思われるので，それを生かしたい。

　私の地元，札幌市は明治の頃からつくられた町であるが，この極寒の地で必要不可欠だったのは「ストーブ」である。このストーブの移り変わりと町の発展を重ねながら学習していくことは可能だ。また，ここでは電車や道路の「交通網の発達」，市役所や学校などの「公共施設の発達」が現代と比較してわかるような「写真」，「人口の変化」がわかるグラフ，「土地利用」がわかる「地図」の比較などを授業展開の核とすることが効果的である。資料は市区町村のHPや国土地理院のHPなどインターネットで公開されているものが豊富にあるので，よく吟味して授業に取り入れるとよい。そうすることで，地域社会への誇りと愛情をもち地域社会の一員としての

自覚を養うことができる。

　4年生で2-(3)に位置付いた「自然災害から人々を守る活動」もまた，これまでにない学習内容である。現行学習指導要領の2-(4)で取り上げられている地域社会における災害では「火災」「風水害」「地震」などを取り上げる内容になっていたが，新学習指導要領では「火災」が3年生に移動して独立し，4年生では都道府県の自然災害における対策として「地震災害」「津波災害」「風水害」「火山災害」「雪害」などとして取り上げることになっており，東日本大震災以降の「防災教育」の重視がうかがえる学習内容となっている。5年生における「国土の自然環境」では国土の自然条件と自然災害の関連を俯瞰的な視点で学ぶことになっているが，4年生では，都道府県の自然災害への対策を視点として，より身近な防災感覚を養うことが大切である。

　授業づくりとしては都道府県における「災害の年表づくり」に取り組み，具体的な当時の写真などを教材化しながら，どのように自然災害を克服してきたかを教材化したい。

　例えば，北海道における「自然災害」といえば「雪害」である。一晩に数十センチの降雪がある北海道でも，一晩で町の道路を除雪するシステムが整っていることや，JRや空港なども，大雪に対する雪対策を日常的に準備していることなどを学ぶ学習展開が予想される。また，北海道の場合は，「風水害」や「地震災害」が冬季に起きた場合は死傷者が夏場の5倍になると予測されており，冬季における災害意識を高め，対策を判断する授業展開も考えられる。

　このように3・4年生における「地域単元」は社会科教師の腕の見せ所である。地元の地域資源を調査し，教材化する力が必ず必要になってくるのだ。そのため，各都道府県，市区町村で「副読本」がつかわれることが多いが，これを読んで理解するだけの「国語」のような社会科はあってはならない。「副読本」もまた資料の一つとして活用し，子供たちの「見方・考え方」を養う授業展開を行ってほしいと切に願う。ぜひ，本書を参考に地域単元の開発を行ってもらいたい。教師こそ「アクティブ・ラーニング」である。

　最後に，本書発行の機会をあたえてくださった明治図書の及川誠さん，校正をしていただいた西浦実夏さんに感謝を申し上げたい。

朝倉　一民

【著者紹介】
朝倉 一民（あさくら かずひと）
北海道札幌市立伏見小学校主幹教諭（教務主任）。2009年日教弘教育賞全国奨励賞受賞（個人部門），2010年・2011年全日本小学校HP大賞都道府県優秀校受賞，2014年日教弘全国最優秀賞受賞（学校部門・執筆），2015年パナソニック教育財団実践研究助成優秀賞受賞，2016年北海道ＮＩＥ優秀実践報告受賞

【所属・資格】北海道社会科教育連盟，北海道雪プロジェクト，北海道NIE研究会，IntelMasterTeacher，NIEアドバイザー
【単著】『子ども熱中！ 小学社会「アクティブ・ラーニング」授業モデル』，『板書＆展開例でよくわかる 社会科授業づくりの教科書 5年』，『板書＆展開例でよくわかる 社会科授業づくりの教科書 6年』（以上，明治図書）
【共著】『授業づくりとメディアの活用』（ジャストシステム），『日常の授業で取り組む学力向上』（日本教育新聞社），『THE 見える化』『THE 学級開きネタ集』（以上，明治図書）

主体的・対話的で深い学びを実現する！
板書＆展開例でよくわかる
社会科授業づくりの教科書 3・4年

2018年6月初版第1刷刊 ©著 者 朝 倉 一 民
2019年7月初版第3刷刊　 発行者 藤 原 光 政
　　　　　　　　　　　　発行所 明治図書出版株式会社
　　　　　　　　　　　　　　　http://www.meijitosho.co.jp
　　　　　　　　　　　　（企画）及川 誠（校正）西浦実夏
　　　　　　　　　　　　〒114-0023 東京都北区滝野川7-46-1
　　　　　　　　　　　　振替00160-5-151318　電話03(5907)6704
　　　　　　　　　　　　　　　　ご注文窓口　電話03(5907)6668
＊検印省略　　　　　　　組版所 藤原印刷株式会社
本書の無断コピーは，著作権・出版権にふれます。ご注意ください。

Printed in Japan　　　　　　　　　ISBN978-4-18-228515-8
もれなくクーポンがもらえる！読者アンケートはこちらから

NIE いつでも・だれでも・どこでも 楽しく気軽に出来る 授業づくりのヒント

土屋武志 監修　碧南市立西端小学校 著

「社会を見る目」や情報リテラシーを鍛える! NIE授業

「教育に新聞を!」これからの子ども主体の学びを支えるものとして、新聞は格好の教材です。新聞比較によるリテラシー向上や、社会を見る目、「見方・考え方」を育てる取り組みなど、NIE授業づくりの基礎基本と情報活用能力を高める授業モデルを豊富に紹介しました。

B5判 96頁
本体 1,460円＋税
図書番号 0957

よくわかる学校現場の教育心理学
AL時代を切り拓く10講

堀　裕嗣 著

AL時代を切り拓く教師の生き方とは? 世界を広げる10講

主体的・対話的で深い学び、いわゆるアクティブ・ラーニングが導入されるなど、激変する教育現場。AL時代を生き抜くには、教師は何をすべきなのか? 「行動主義」と「認知主義」の学習理論、動機付け、メタ認知の視点から考える"AL時代を切り拓く"10の提案です。

四六判 144頁
本体 1,560円＋税
図書番号 0989

THE教師力ハンドブック
特別支援学級の子どものためのキャリア教育入門　基礎基本編／実践編

西川　純・深山智美 著

子どもの生涯の幸せを保障するために出来ることがある!

「特別な支援を必要とする子どもの一生涯の幸せを保障するために、学校が出来ることは?」保護者や施設、就職支援の方への実地アンケートをもとに、「学校卒業後を視野に入れた教育」「就労の仕組み」「今、卒業後の幸せのためにできる準備」とはどのようなものなのかを解き明かす、問題提起と提案の書。

基礎基本編
四六判 128頁 本体 1,500円＋税
図書番号 2261

実践編
四六判 144頁 本体 1,600円＋税
図書番号 1390

学級経営すきまスキル70
低学年／高学年／中学校

堀　裕嗣 他編著

ハードとソフトで学級のつまずきを解消! 微細スキル70

学級経営のつまずきは、実は遅刻した子への対応や日常の給食指導等における細かなズレの積み重ねが原因です。本書ではおさえておきたい学級経営のスキルを70の項目に分けて、「ハード編」として指導技術を、「ソフト編」として子どもに寄り添い支援する技術を紹介しました。

四六判 160頁
本体 1,800円＋税
図書番号 2751, 2753, 2754

明治図書　携帯・スマートフォンからは **明治図書ONLINE へ** 書籍の検索、注文ができます。▶▶▶

http://www.meijitosho.co.jp　＊併記4桁の図書番号（英数字）でHP、携帯での検索・注文が簡単に行えます。

〒114-0023 東京都北区滝野川7-46-1　ご注文窓口　TEL 03-5907-6668　FAX 050-3156-2790

思考力・判断力・表現力を鍛える 新社会科の指導と評価

北 俊夫 著

深い学びを実現する！新しい社会科授業＆評価ナビゲート

社会科で「主体的・対話的で深い学び」をどう実現するか？「思考力・判断力・表現力」を核にすえながら，子どもたちの見方・考え方を鍛える授業づくりと評価のポイントを丁寧に解説。評価テスト例も入れた「資質・能力」を身につける新しい社会科授業ナビゲート決定版！

Ａ５判　184頁
本体 2,100円＋税
図書番号 2136

主体的・対話的で深い学びを実現する！ 100万人が（受けたい） 社会科アクティブ授業モデル

河原 和之 編著

子ども熱中間違いなし！「アクティブ社会科」授業ネタ

100万人が受けたい！シリーズの河原和之先生の編著による，「主体的・対話的で深い学び」を切り口とした社会科授業モデル集。子どもの「興味」をひきつける魅力的な教材と，ワクワクな展開を約束する授業の秘訣とは。「深く，楽しく」学べる社会科授業づくり決定版！

Ａ５判　168頁
本体 1,900円＋税
図書番号 2581

平成29年版 小学校 中学校 新学習指導要領の展開 社会編

小学校　北 俊夫・加藤 寿朗 編著
中学校　原田 智仁 編著

大改訂された学習指導要領本文の徹底解説と豊富な授業例

改訂に携わった著者等による新学習指導要領の各項目に対応した厚く，深い解説と，新学習指導要領の趣旨に沿った豊富な授業プラン・授業改善例を収録。圧倒的なボリュームで，校内研修から研究授業まで，この1冊で完全サポート。学習指導要領本文を巻末に収録。

小学校
Ａ５判　200頁　本体 1,800円＋税
図書番号 3279

中学校
Ａ５判　208頁　本体 1,800円＋税
図書番号 3342

続・100万人が受けたい 「中学社会」ウソ・ホント？ 授業シリーズ

河原 和之 著

子ども熱中間違いなし！河原流オモシロ授業の最新ネタ

100万人が受けたい！「社会科授業の達人」河原和之先生の最新授業ネタ集。「つまものから考える四国」「平城京の謎を解く」「"パン"から富国強兵を」「わくわく円高・円安ゲーム」「マンガで学ぶ株式会社」など，斬新な切り口で教材化した魅力的な授業モデルを豊富に収録。

中学地理
Ａ５判　144頁　本体 1,700円＋税
図書番号 2572

中学歴史
Ａ５判　152頁　本体 1,700円＋税
図書番号 2573

中学公民
Ａ５判　160頁　本体 1,700円＋税
図書番号 2574

明治図書　携帯・スマートフォンからは　明治図書ONLINEへ　書籍の検索、注文ができます。▶▶▶

http://www.meijitosho.co.jp　＊併記4桁の図書番号（英数字）でHP、携帯での検索・注文が簡単に行えます。

〒114-0023　東京都北区滝野川7-46-1　ご注文窓口　TEL 03-5907-6668　FAX 050-3156-2790

資質・能力を育てる 問題解決型学級経営

赤坂 真二 著

やる気を成果に結びつける！曖昧さと決別する学級経営

なぜ，あなたのやる気が成果に結びつかないのか。曖昧さと決別する「問題解決型」学級経営。子どもたちの未来を切り拓く資質や問題解決能力は，日々の学級経営の中でこそ身に付けることができる。学校現場の，リアルな学級づくりの課題から考える辛口の学級経営論。

A5判 200頁
本体 2,000円+税
図書番号 1388

最高の学級づくりパーフェクトガイド

指導力のある教師が知っていること

赤坂 真二 著

1ランク上のクラスへ！最高の学級づくりバイブル

最高の学級づくりを実現するパーフェクトガイドブック。学級開きから学級目標やルールづくり，気になる子や思春期の子の指導，学級のまとまりを生む集団づくりの必勝パターン，いじめ対応からALまで。章ごとの「チャレンジチェック」でポイントもよくわかる必携の書。

A5判 216頁
本体 2,000円+税
図書番号 1695

幼稚園 365日の集団づくり

日常保育編 / 年間行事編

吉村 裕・丸山 克俊 編著

この1冊で幼稚園1年間365日の活動づくりがわかる！

幼稚園の1年間365日の活動づくりについて，①活動の流れをまとめた「デイリープログラム」②感動した子どものつぶやき・行動を集めた「天使のひと言＆子どもの行動」③保育者視点の気づき・リアルな体験をまとめた「私の保育日誌」の3点を切り口にまとめました。

日常保育編
A5判 168頁 本体 1,860円+税
図書番号 0888

年間行事編
A5判 168頁 本体 1,860円+税
図書番号 0889

生活指導・生徒指導 すきまスキル72

低学年 / 高学年 / 中学校

堀 裕嗣 他編著

ハードとソフトで指導のつまずきを解消！微細スキル72

生活指導・生徒指導で大切なのは，学校生活を送る上での基本的なことや定番の行事で起こり得るトラブル対応等，細かなことの積み重ねです。これらをうまく裁き機能させる「すきまスキル」を，規律訓練型の「ソフト」と環境管理型の「ハード」に分けてまるごと紹介しました。

四六判 160頁
本体 1,800円+税
図書番号 2803, 2805, 2806

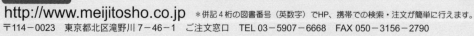

明治図書　携帯・スマートフォンからは **明治図書ONLINE** へ　書籍の検索、注文ができます。
http://www.meijitosho.co.jp　＊併記4桁の図書番号（英数字）でHP、携帯での検索・注文が簡単に行えます。
〒114-0023　東京都北区滝野川7-46-1　ご注文窓口　TEL 03-5907-6668　FAX 050-3156-2790

板書&展開例でよくわかる 社会科授業づくりの教科書

主体的・対話的で深い学びを実現する！

3・4年 / 5年 / 6年

朝倉 一民 著

1年間365日の社会科授業づくりを完全サポート！

1年間の社会科授業づくりを板書&展開例で完全サポート。①板書の実物写真②授業のねらいと評価③「かかわる・つながる・創り出す」アクティブ・ラーニング的学習展開④ICT活用のポイントで各単元における社会科授業の全体像をまとめた授業づくりの教科書です。

3・4年 B5判 136頁 本体2,200円+税 図書番号2285
5年 B5判 176頁 本体2,800円+税 図書番号2293
6年 B5判 184頁 本体2,800円+税 図書番号2296

読み聞かせは魔法！

吉田 新一郎 著

子どもに読書力をつけ本好きにする「魔法の読み聞かせ」！

読み聞かせは、本当に読み聞かせるだけで良いのでしょうか？日本と欧米の読み聞かせの違い、世界で行われている多様な読み聞かせを紹介しながら、読み聞かせが持つ素晴らしい力を鮮やかに描き出します。子ども達の読書力を呼び起こし本好きにする「魔法の読み聞かせ」！

四六判 200頁
本体1,900円+税
図書番号1156

小学校社会科「新内容・新教材」指導アイデア

社会科授業サポートBOOKS

北 俊夫 編著

社会科「新教材・新内容」の授業づくりを完全サポート！

平成29年版学習指導要領「社会」で示された「新内容・新教材」の指導アイデア集。①「見方・考え方」の働かせ方②「主体的・対話的で深い学び」を実現する手立て③「カリキュラム・マネジメント」のヒント④指導展開例の構成で、教材研究&授業づくりを完全サポート。

A5判 168頁
本体2,000円+税
図書番号2148

365日の学級システム

必ず成功する学級経営

中学1年 / 中学2年 / 中学3年

堀 裕嗣 編著

中学1年間365日の学級づくり・活動づくり成功のポイント

中学校1年間365日の学級づくりから行事、通知表までの活動について、①教師が前面に出る「さきがけ指導」②後ろに引いて成長をうながす「しんがり指導」③励まし促進する「アクセル指導」④正しい行動を求める「ブレーキ指導」の4視点からまとめた学級経営バイブルです。

B5判 112頁
本体1,860円+税
図書番号2921, 2922, 2923

明治図書 携帯・スマートフォンからは **明治図書ONLINEへ** 書籍の検索、注文ができます。▶▶▶

http://www.meijitosho.co.jp ＊併記4桁の図書番号（英数字）でHP、携帯での検索・注文が簡単に行えます。

〒114-0023 東京都北区滝野川7-46-1 ご注文窓口 TEL 03-5907-6668 FAX 050-3156-2790

改訂のキーマンが，新ＣＳの授業への落とし込み方を徹底解説！

小学校 新学習指導要領 社会の授業づくり

澤井陽介 著

208頁／1,900円+税／図書番号【1126】／四六判

資質・能力，主体的・対話的で深い学び，社会的な見方・考え方，問題解決的な学習…など，様々な新しいキーワードが提示された新学習指導要領。
それらをどのように授業で具現化すればよいのかを徹底解説。校内研修，研究授業から先行実施まで，あらゆる場面で活用できる１冊！

社会科授業サポートBOOKS

小学校社会科「重点単元」授業モデル

北 俊夫 著

社会科「重点単元」の授業づくりを完全サポート！

平成２９年版学習指導要領「社会」で示された「重点単元」の授業モデル集。「課題を読み解くQ＆A」に加えて，各学年の「重点単元」を取り上げ，「見方・考え方」「主体的・対話的で深い学び」の視点からの指導計画と板書例を含めた具体的な授業モデルをまとめました。

A５判 168頁
本体 2,000円+税
図書番号 2329

\タイプ別でよくわかる！/

高学年女子 困った時の指導法60

宇野 弘恵 著

高学年女子の指導は厄介？困った時の指導スキル

「高学年女子の指導は，面倒で難しい」そんな声をよく聞きます。それはなぜなのか？「一人になりたがらない」「目立ちたがらない」「本音を言わない」女子にはこう対応せよ！「いるか女子」「ひつじ女子」「おおかみ女子」「くじゃく女子」の４タイプから考える対応術。

四六判 160頁
本体 1,860円+税
図書番号 2122

明治図書　携帯・スマートフォンからは **明治図書ONLINE へ** 書籍の検索、注文ができます。▶▶▶

http://www.meijitosho.co.jp　＊併記４桁の図書番号（英数字）でHP、携帯での検索・注文が簡単に行えます。

〒114-0023　東京都北区滝野川7-46-1　ご注文窓口　TEL 03-5907-6668　FAX 050-3156-2790